# 服従と反抗のアーシューラー

## 現代イランの宗教儀礼をめぐる民族誌

谷 憲一

Tani Kenichi

کن ایچی تانی

عاشورا به مثابه ی تسلیم و شورش

مطالعه ی قوم نگارانه در باب آیین های مذهبی در ایران معاصر

法政大学出版局

# はじめに

本書は、現代イランにおけるイスラーム・シーア派の宗教儀礼をめぐる民族誌である。宗教儀礼の詳細な記述を通じて本書が描き出すのは、外からはなかなか見えてきづらいイラン社会の姿でもある。一九七九年の革命以降、イランは宗教国家として国際政治的にも独自路線を貫くというイメージが強い。非ムスリムであっても公の場所ではイスラームの規範に従うこと――たとえば女性は頭を覆う布（ヘジャーブ）を被らなければならないし、街にはお酒を提供するお店もない――が求められ、政治的には反米を掲げ、星条旗を燃やす官製デモが行われることもある。一方で、少しでも旅行などでイランを訪れれば、それとは反対のイメージを見出すこともまた容易である。まず中継空港では長い髪の毛をさらしていた女性たちが、テヘランの空港に着陸間際になると一斉にヘジャーブを着用するという光景を目の当たりにするに違いない。リベラルで世俗的な思想を持ち、体制の掲げるイデオロギーに批判的な人々と英語で会話をする機会を得ることも珍しいことではない。そのため実際のところは、後者の側面を強調する暴露的な言説もそれなりに市民権を得ているように思われる。すなわち、権威主義の体制が掲げるイスラームとイランの人々は違うといった言説である。このように外から観察されたイランについての相反する言説は、国内外のイランの人々の間でもまさに現在進行中の論争下にある。

本書は、この論争——イスラーム共和国のイデオロギーがイランの人々を代表しているのか否か、それはイラン的であるのか否かといった問い——に答えを与えるものではない。むしろ本書が取り上げるのは、こうした問いに両義的な形で現れるイランの人々の在り方である。どちらかが「本当のイラン」を表しているというよりも、どちらもがイランの多様な側面の表れなのだという立場である。現在のイランについて、まずは座標軸のなかに、一方にイスラーム体制のイデオロギーを支持する人々を置き、反対側にそのイデオロギーを真っ向から批判するような世俗的な人々を位置づけることができるだろう。しかし社会はそうした軸にきれいに収まるわけではない。それに対して垂直の方向に、こうした二項対立に還元されないような、どちらにも含まれるような人々を位置づけることができるだろう。そして、こうした存在は政治的な対立が先鋭化する際にはどちらの陣営にも含まれるように見え、組み入れられたり、排除されたりする。そして筆者の見立てでは、そうした人々の数は、対立のどちらかに明確に分けられる人々よりも多く、歴史的にも実際に政治を動かしてきたのはこうした人々の動向なのである。イスラーム共和国がこれまで続いてきたのは、そうした人々が、革命の理念に明確に賛同するというわけでもなく、反対するというわけでもなく、日常生活を通じて今の体制になんとなく従っているためだともいえるだろう。

かつてロシア出身の人類学者であるアレクセイ・ユルチャク［二〇一九］が『最後のソ連世代』のなかで批判したのは、ソ連の権威主義体制下での人々を、体制の従順な支持者あるいは内心は反体制でありながらもそれを隠して生きる存在のどちらかとしてステレオタイプ化した表象であった。そうした表象に抗してユルチャクが描き出したのは、どちらにも還元されないような人々の両義性である。そして両義性によってこそ、ソ連体制下では体制が永久に続くような感覚がもたらされてきたとともに、実際にはソ連の崩壊にもつながる変化ももたらされたというのだ。本書で取り上げる宗教儀礼の担い手となる人々もまた、「体制のイデオロギーとしてのイスラームに従順な人々／それに反発する世俗的な人々」という通俗的な二分法にはうまく当てはまらない。彼らはシーア派の儀礼に参加することで体制のイデオロギーに「服従」しているように見える。しかし彼らの生活を詳細に見ていけば、そこから逸脱し「反抗」する側面が見いだされる。本書は、宗教儀礼の担い手となっているような「普通の人々」の実践の両義的なあり方を記述することを通じて、それに体現されているイラン社会の両義性を提示する。

このように既存のステレオタイプを相対化するようなアプローチは、政治的な対立が先鋭化する中にあっては不誠実な態度として映るかもしれない。すなわち権威主義体制の暴力による統治およびその維持を暗黙に容認してしまっているのではないかという批判である。本書にそうした意図があることは、はっきりと否定しておく。そしてまた、権威主義体制に批判的な政治的主張を相対化するように映るとしても、むしろそれを織り込んだうえで「普通の人々」に働きかけるための理路を示しているのだと反論したい。

「普通の人々」が「私たち」の保持する批判的視点を欠いていると指摘するのはたやすい。けれども「私たち」に見えなくなっているものがあることを「普通の人々」から学べるかもしれないと考えるのもよいのではないだろうか。本書はこうした可能性に賭けて書かれたものである。この立場は文化・社会人類学という学問分野《ディシプリン》固有の倫理に由来しているといってもよい。人類学の伝統はこれまでも「文化相対主義」など、学問共同体のなかで居心地の悪い言説を産み出し続けてきた。人類学者としての訓練《ディシプリン》を受けてきた私が約三年半にわたってテヘランで生活するなかでの経験をもとに民族誌という形で昇華させた本書がさらなる議論を呼び起こすことができれば本望である。

服従と反抗のアーシューラー

# 目次

## 第二章　音文化の規制と儀礼の拡張

# 第三章　国家と宗教が交錯するカルバラー巡礼　97

# 凡例

一、ペルシア語およびアラビア語のアルファベット表記法は、慣習的な表記があるものについてはそれを優先し、ないものについては原則として『岩波イスラーム辞典』に従った。なお、声門閉鎖音を表す記号については、「ʾ」ではなく「ʼ」を用いている。またハムザには「ʼ」を用いた。ペルシア語については単にイタリックで表記し、アラビア語については転写した語の前に「Ar.」、あるいは語の後に（Ar.）と表記した。また、必要な場合に限り、ペルシア語の語の前にも「Pr.」と表記した。

一、現地で公的な情報として流通している場合を除いて、公人とはみなされない人名については仮名を用いた。また組織名は任意のアルファベットで表記した。

一、文献の引用において、筆者が省略した場合は（……）で示している。また、筆者が語を補った場合は［ ］内に記載した。

一、外国語で書かれた参照文献のうち、邦訳があるものについては次のように記載した。なお訳文は必要に応じて修正した。

Asad, Talal. 2003 *Formations of the Secular: Christianity, Islam, Modernity*. Stanford: Stanford University Press（＝アサド、タラル 二〇〇六『世俗の形成――キリスト教、イスラム、近代』中村圭志訳、みすず書房）

なお、本文中では ［Asad 2003（アサド 二〇〇六）］ のように記載した。

一、イラン発行の文献の年号はイラン暦（ヒジュラ太陽暦）の年号をそのまま記載した。ただし、参照文献においては年号の後に［ ］内に相当する西暦の年号を記載した。

一、日本文化人類学会が刊行する『文化人類学』誌の規定に倣い、著作者性に関する情報が表示しにくい新聞やオンラインの情報については注でのみ言及した。

# イランの暦について

現在イランで公式に用いられている暦は，イラン暦（ヒジュラ太陽暦）である。これは，バビロニア時代に起源をもち，ゾロアスター教を国教としたサーサーン朝時代に確立した，イラン独自の太陽暦を基に，元年を預言者ムハンマドが聖遷（ヒジュラ）した年（西暦622年）に合わせたものである。春分の日である新年はノウルーズと呼ばれ，その前後の数日間は祝日となっているほか，いくつかの行事はこの暦に基づいて行われる［谷 二〇二三 a］。一方で，イスラームにちなんだ行事はヒジュラ暦に準じて執り行われる。太陰暦であるヒジュラ暦は太陽暦に対して毎年約11日早くなる。一週間のうち，祝日にあたるのはイスラームの集合礼拝が行われる金曜日であり，木曜日も仕事が休みとなることが多い。

### イラン暦（ヒジュラ太陽暦）

| | 名称 | 日数 | 西暦 |
|---|---|---|---|
| 第1月 | ファルヴァルディーン | 31 | 3月21日*～4月20日 |
| 第2月 | オルディーベヘシュト | 31 | 4月21日～5月21日 |
| 第3月 | ホルダード | 31 | 5月22日～6月21日 |
| 第4月 | ティール | 31 | 6月22日～7月22日 |
| 第5月 | モルダード | 31 | 7月23日～8月22日 |
| 第6月 | シャフリーヴァル | 31 | 8月23日～9月22日 |
| 第7月 | メフル | 30 | 9月23日～10月22日 |
| 第8月 | アーバーン | 30 | 10月23日～11月21日 |
| 第9月 | アーザル | 30 | 11月22日～12月21日 |
| 第10月 | デイ | 30 | 12月22日～1月20日 |
| 第11月 | バフマン | 30 | 1月21日～2月19日 |
| 第12月 | エスファンド | 29/30 | 2月20日～3月20日 |

*ただし西暦の閏年の年には3月20日に開始となり、他の月の開始もずれる。

### ヒジュラ暦（イスラーム暦）

| | | | |
|---|---|---|---|
| 第1月 | ムハッラム* | 第7月 | ラジャブ |
| 第2月 | サファル | 第8月 | シャアバーン |
| 第3月 | ラビーウ・アウワル | 第9月 | ラマダーン |
| 第4月 | ラビーウ・サーニー | 第10月 | シャウワール |
| 第5月 | ジュマーダー・ウーラー | 第11月 | ズー・アル＝カアダ |
| 第6月 | ジュマーダー・アーヒラ | 第12月 | ズー・アル＝ヒッジャ |

*本文中ではペルシア語の読み方に従って「モハッラム」と表記する。

2017年テヘランにて。かつてはパルデハーンと呼ばれる人が，布（パルデ）に描かれたホセインの殉教譚を，字の読めない人々に対して調子をつけて物語った

# 序章　道具主義と言説的伝統の間で

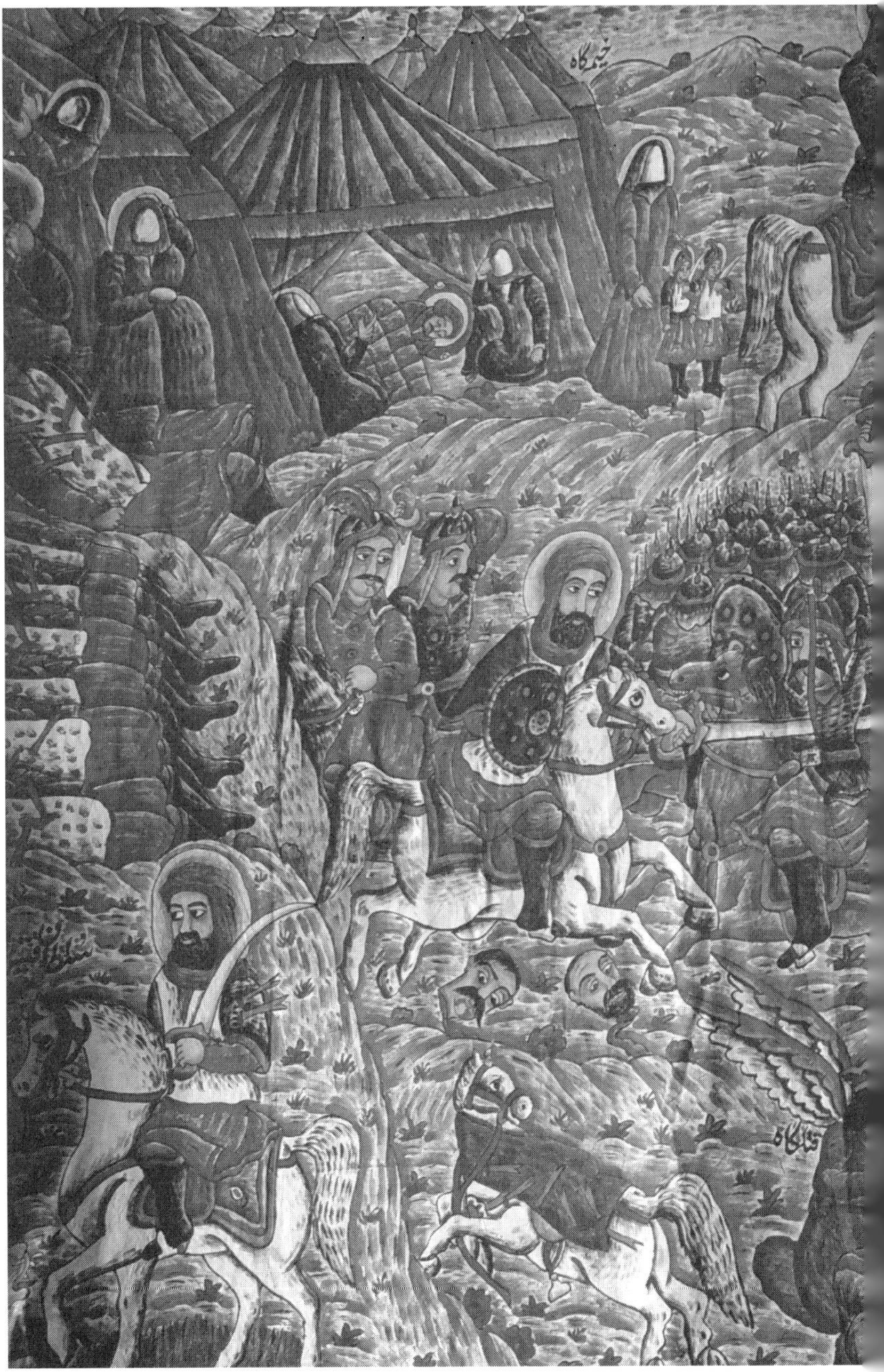

同意してくださるかどうかわかりませんが、私たちはテヘランで、イラン全土で一個の民衆の集団意志に出会ったのです。

［フーコー 二〇〇一：二八］

本書の目的は、現在イランで行われているホセイン追悼儀礼の実践を民族誌的に記述することを通じて、統治体制に内在する国家と宗教の関係について考察することである。一九七九年のイラン革命（イランではイスラーム革命、*enqelāb-e eslāmī*）によって成立したイラン・イスラーム共和国は、一二イマーム・シーア派（ジャアファル法学派）を国教としている（イスラーム共和国憲法第一二条）。[*1] シーア派の高位法学者であったルーホッラー・ホメイニー師（一九〇二―一九八九年）が唱えた「法学者の監督（*velāyat-e faqīh*）」論は、西洋近代に対するオルタナティブな統治理論として考案された。そして、その理論に従ったイラン革命によって設立された政治体制は、近代的な国家機構と宗教的権威を組み合わせた異種混交的な仕組みを持つ。こうしたイラン独自の政治体制は、政教分離を近代化の指標としてきた西洋近代社会に衝撃をもたらした。

イスラーム共和国体制ではシーア派の宗教的な象徴や儀礼が、国家の公式のイデオロギーを構成する重要な要素となってきた。特に本書のタイトルともなっているアーシューラーの諸儀礼、すなわちイマーム・ホセインの追悼儀礼[*2]（以後、ホセイン追悼儀礼）は、人々の生活に結びついて伝統的に行われてきたと同時に、現在では国家によって推奨されている儀礼でもある。本書ではこの追悼儀礼を、人々の経験の解釈枠組みとしての「カルバラー・パラダイム」（後述）をめぐる道具主義と言説的伝統という二つの説明図式の間にあるものとして理解する。こうした視座から現在のホセイン追悼儀礼を民族誌的に記述することで本書が明らかにするのは、宗教的言説に基づく国家のなかで人々に担われる宗教儀礼そのものの持つ支配と反支配という二つの極、すなわち「服従」と「反抗」の間を揺れ動く動態的な性質である。さらに、そうした動態的な性質がもつ政治的帰結の一端を考察する。

本書の目的と射程は、筆者がフィールドワークを通じて現地の人々から学んだことに根差している。イランは複数のエスニック集団を内包した国家であり、[*3]また当然のことながら、国民の政治的立場や宗教に対する関心も一枚岩ではない。少しでもイラン社会のなかで生活し、そこで暮らしている人々と言葉を交わせば、イスラーム共和国体制についてもさまざまな立場があることがわかる。筆者が住んでいたテヘランの中心部からやや西南に位置する地区では、モハッラム月（ホセイン追悼儀礼が行われる時期）になると儀礼が非常に大規模かつ情熱的に行われており、街も儀礼に参加したり見物したりする人々であふれていた。そこでは儀礼に参加する人々が恍惚とした表情でホセインの名を語るのに遭遇することがあった。もちろん、こうした儀礼に対して距離を取る見解もあった。体制に批判的で宗教的な関心もない、二〇一五年当時テヘラン大学の学生だった男性のジャムシードは、儀礼に関心を寄せていた地域の人々とは対照的に、筆者に次のように語った。「体制が熱狂的娯楽としての儀礼を推奨することで、さまざまな社会問題から国民の目を逸らそうとしているのだ」。

ここに見られる対照的な態度、すなわち儀礼に没入する態度と、儀礼から距離をとって儀礼を何か別の目的のための強制手段であると見なす態度は、個人や集団間でそれぞれ別個に存在するだけではない。むしろ個人のなかでも、この二つの態度が共存することもある。二〇一九年のモハッラム月に筆者はイラン北西部にあるアルダビールという都市に来ていた。その目的は現在イランでは禁止されているが秘密裏に行われている儀礼を観るためであった。第四章で詳しく取り上げる自傷儀礼である。そこで、テヘランに暮らしているアルダビール出身の知人が休暇のために帰省するのに便乗し、さらに儀礼を観に行く手配をしてもらった。彼自身は儀礼には関心はなく、また自傷儀礼に対する恐怖もあるというので、彼の地元の友人のユーソフが、儀礼が行われるモハッラム月の一〇日（アーシューラー）

に開催場所に連れて行ってくれることとなった。その前日にユーソフは自身のことについて語ってくれた。彼は子どもの頃から自傷儀礼に参加していた。しかし一四歳のときに、短剣をあまりにも強く自分の頭に打ちつけたために、頭蓋骨が陥没しそのまま病院に運ばれた。それ以来、自傷儀礼に顔は出すけれども自分自身では実践していないという。また、そのときにユーソフは、世俗的で体制とも距離をとるような他のイラン人と同じような語り口で、儀礼に参加する人々について嘲笑的にも語った。ホセイン追悼儀礼に熱中することで、体制の都合のいいように統制されており、社会問題からも目を背けるように仕向けられているというのだった。ところが儀礼が行われる当日の朝、一緒に自傷儀礼を見に行った際に、ユーソフは地元の仲間たちが自傷儀礼を行うのを目の当たりにするなり、感極まって涙を流していたのである。

本書を全体として貫くのは、イラン社会で、あるいはユーソフの事例のように個人のなかで共存する二種類の態度を真剣に受け止めるアプローチである。すなわちイラン社会には、ホセイン追悼儀礼を、イスラームの世界観に内在したものとする見方と、宗教儀礼を国家による支配の道具とみなす見方がある。そしてこの二つは、イラン社会や個人の見解のなかで両極をなしている。次節では、こうした二つの極の間の緊張関係にアプローチする方法について論じていく。

## 一　問題の所在

### 1　カルバラー・パラダイムと道具主義的説明

イラン革命は、それまで欧米の宗教研究で盛んに議論された世俗化論に反して、宗教が公共的な役割を担うことの重要性が認識される契機となった出来事の一つである［Casanova 1994（カサノヴァ 二〇二一）］。当時、ジャーナリストとしてイランを訪れていた思想家のミシェル・フーコーは宗教に根差した反帝国主義運動としての人々の蜂起を目の当たりにして、その政治的可能性に驚嘆し好意的に言及していた[*4]［フーコー 二〇〇〇］。その政治的な力の源泉としてのシーア派の宗教的世界観をカルバラー・パラダイムと名付けることでいち早く定式化したのが、人類学者のマイケル・フィッシャーであった。一九八〇年に初版が出版された『イラン――宗教的論争から革命へ』においてフィッシャーが述べたのは、シーア派の世界観を構成する物語を参照点とすることで人々が自らの日常生活を意味づけ、また時には物語に鼓舞されて人々が政治運動へと至ることがありうるということだ。シーア派の歴史と世界観の内容については第一章で詳しく見ることにし、ここでは簡潔な説明にとどめておこう。カルバラー・パラダイムでは、正義のために立ち上がるも殉教してしまうイマーム・ホセインの物語（「カルバラーの悲劇」）に、人々が自らの苦境を重ね合わせながら生きるとされる。フィッシャーにとってカルバラー・パラダイムが提供するのは「人生にとってのモデルであり、生き方について思考するための記憶の助けとなる記号である」［Fischer 2003 : 21］。

> カルバラーの物語とすべてが関連する、あるいはカルバラーの物語の部分をなす寓話や道徳的教訓の集合がある。寓話や道徳的教訓は、それ自体で明白に相反することはない。さらに、ほとんどすべての生活上の問題を寓話や道徳的教訓に帰することができる。
> ［Fischer 2003 : 21］

フィッシャーがこのように特徴づけたカルバラー・パラダイムは、以後の現代イラン社会についての研究［Khosravi 2008 ; Siamdoust 2017 ; Torab 2006 ; Varzi 2006］や他地域におけるシーア派に関する研究［Deeb 2006 ; Pinault 2001 ; Szanto 2013］でたびたび言及されてきた。特にそのなかでも、ホスラヴィーやスィヤームドゥーストは、このカルバラー・パラダイムにまつわる宗教的象徴を、国家が国民を統制するための道具として位置づけている。そして彼らは、国家と人々の間の相互関係を強調する議論を展開する。たとえばホスラヴィーが問うのは、「イランにおける新しい体制［イスラーム共和国体制］が、望まれる社会秩序を臣民のなかに植えつけるために、こうした象徴的な資源をどのように利用してきたのか」［Khosravi 2008 : 33］という問いである。そして、「イスラーム体制がカルバラーの悲劇を活用することで誘発しようとしてきたのは「罪の感覚」であって、それは人々をそのような［イマーム・ホセインと共闘できなかったことに対する］自己非難にむけて押しやるだろう」［Khosravi 2008 : 51–52］とも論じている。

また、イスラーム体制下での音楽をめぐる政治について研究したスィヤームドゥーストも、自身の議論のなかでルイ・アルチュセール的な意味でイデオロギーという語を用いると宣言した上で次のように述べている。

> 結果的に、競合する複数の世界観が可能であり、そのすべてが社会的に構築される。しかしイランの場合には、公式のイデオロギーがとてつもなく大きな比重を占める。なぜなら国家は、国家のイデオロギー装置（学校、メディア、文化領域を含む）と国家の規律訓練装置（司法、治安部隊、警察、刑務所）を通じて、公式のイデオロギーを強化しようとするからである。［Siamdoust 2017 : 10］

このようにホスラヴィーもスィヤームドゥーストも、国家が宗教的な象徴を統治の目的のために用いるという道具主義的な図式に落とし込んで議論を組み立てている。こうした図式を導入する上で理論的な前提となっているのは、アルチュセール［二〇一〇］やミシェル・フーコー［一九七七］に連なる、国家権力による装置を通じた主体形成の議論や、そうした権力作用の残余としての人々の実践に着目したミシェル・ド・セルトー［一九八七］の議論なのである。

アルチュセールが提唱したのは、暴力的な「国家装置」の補完物として「イデオロギー装置」に着目することである。イデオロギーが日常生活を通じて主体としての諸個人に「呼びかけ（interpellation）」を行うことで、主体はイデオロギーを内面化し、逆にそうした内面化が主体を形成していくという理論である［アルチュセール 二〇一〇］。こうしたアルチュセールの理論において示唆的なのは、暴力による強制的な服従とは別に、日常的な実践が主体によるイデオロギーの内面化を促しているとみなす点である。これを踏まえれば本書が対象とする宗教儀礼もまた、日常の儀礼的な実践を通じて自発的な服従を生む、「イデオロギー装置」の一部として解釈できる。儀礼は、新たに権威を創出するのではなく、すでにある秩序を人々に再認させることで、「主体化を実現し、それをとおして権威のもとにある秩序を再生産し続けるといえる」［田辺 一九八九］。『監獄の誕生』におけるフーコー［一九七七］も、アルチュセール的な権力の分割を継承して、主体の形成過程を浮かび上がらせる。そこで重要なのは、抑圧や排除といった君主権的な権力と、装置としての規律訓練的な権力の区別である。後者は、具体的に遍在する手続きを通じて一望監視の実践を可能にしていく。

それに対してセルトーは、遍在する権力が一貫して統一的に働いているとフーコーが指摘するときにも、実践はつねに複数で別様のことをしている点を強調している。そのためにセルトーが提示するのが、「戦略（strategies）」と「戦術（tactics）」という対概念である。「戦略」とは意志と権力の主体が周囲の環境から身をひきはなしてはじめて可能となるような力関係の計算や操作である。ここで前提とされるのは、目標の相手に対するさまざまな関係を管理できるように境界づけられた「固有の場所」である。国家は「場所」を支配し、支配下にある人々を予測可能な対象へと馴致しようとする。他方で「戦術」とは、自分に固有のものがあるわけではなく、相手の全体を見おさめ、自分と区別できる境界線があるわけでもないのに計算をはかることである。戦術は「敵によって管理された空間内での動き」であり、与えられた状況のなかで人々が何とかやっていく技なのである［セルトー 一九八七：一〇〇―一〇二］。

スィヤームドゥーストやホスラヴィーは、アルチュセールやフーコーの議論を引用しながら、イスラーム共和国体制によってシーア派の宗教的象徴や儀礼が統制の装置として作用することを前提としつつ、セルトーが見ようとした人々の繰り出す戦術をイランの人々に見出そうとしているのだといえる。

このようにカルバラー・パラダイムを道具主義的な手段として位置づける議論は、フィッシャー自身においても部分的に行われている。フィッシャーは二〇〇三年に再版された『イラン――宗教的論争から革命へ』の新しい序文で次のように述べている。

したがって、一九七七年一一月から一九七九年二月までの一四ヵ月間に、革命過程を創設し、動員するために用いられた修辞的・象徴的なパラダイムに注目することも重要である。
［Fischer 2003 : xiv］

ここからわかるように、フィッシャーによって提示されたカルバラー・パラダイムは、国家などの主体がパラダイムの外部に立つことができ、それを道具主義的に活用することができるものとして想定されてきたのである。

しかし、ここで人類学者のマリリン・ストラザーンによる、パラダイム概念の再考に立ち戻ってみたい。ストラザーン［Strathern 1987］は、パラダイム・シフトという概念が社会科学や人文学のなかで用いられるときに、自然科学について パラダイム概念を提唱した科学哲学者のトーマス・クーンの意図とは異なって用いられていることを指摘した。パラダイムとはその時代の科学者を規定する概念枠組みを指し、そして社会科学や人文学における急進的な分野はしばしばパラダイム・シフトを引き起こすこと自体をその目的に掲げる。しかしクーンが提唱したパラダイムの本義に立ち返るならば、パラダイム・シフトは科学者の実践の結果として遡及的に見出されるものであって、科学者がパラダイムの外部に立ってそれを選択することを意味するのではない、とストラザーンは言うのだ。このパラダイムの本来の意味と拡張された意味の対比は、カルバラー・パラダイムの位置づけを考える際にも重要である。すなわちカルバラー・パラダイムは当初、人々の思考を規定し、また行動を導き出すものとして提唱された。しかしその後の道具主義的な説明では、カルバラー・パラダイムの外部に立つ主体が存在し、このパラダイムを積極的に活用する状況が想定されている。こうしてイスラーム共和国におけるカルバラー・パラダイムは、あたかもパラダイムの外部に存在する国家が人々を統制するための道具であるかのように位置づけられているのである。それでは、クーンが提唱したパラダイム本来の意味に戻って――道具主義的な説明とは別の仕方で――カルバラー・パラダイムを捉えなおすにはどうすればいいだろうか。

## 2　言説的伝統としてのカルバラー・パラダイム

こうした議論とは別に人類学では、自らの特徴を活かして道具主義的な説明を脱するための方策が議論されてきた。人類学の特徴は、対象となる、「西洋近代」の「他者」に対して、「西洋近代」の概念を無批判に適用することを批判し、(たとえその試みのなかで別の西洋近代由来の概念に依拠せざるをえないとしても) その概念の孕む限界を乗り越えようとする傾向にあるといえよう。[*5] それはニクラス・ルーマンの社会システム論に依拠するならば、(科) 学システムの下位システムとしての人類学が「私たち／彼ら」というゼマンティクを用いて自らの盲点を自覚しようとする作動として記述できる。筆者と坂井晃介はそれを、西洋近代の諸概念に対する「超越論的相対化」［Tani and Sakai 2020］と名づけた。このようなラディカルな人類学は、たとえば「私たち」と「彼ら」の概念比較という点で言えば、モース［二〇〇九］の『贈与論』に遡れるし、フィールドワークを伴う人類学者の試みとしては、後に「文化の翻訳」と名付けられた［Asad 1986a（アサド 一九九六）; 青木 一九七八］、オックスフォード大学のエヴァンズ＝プリチャードやリーンハートらの議論［Evans-Pritchard 1965（エヴァンズ＝プリチャード 一九六七）; Lienhardt 1953］に遡ることができよう。また最近では、対象の人々の思考やコスモロジー（近年では「存在論」と呼ばれる）をあえて実体化・本質化して描き出し、「西洋近代」と対比することで「西洋近代」に由来する概念の限界を指摘するとともに変形させていこうとするアプローチも展開されている（「存在論的転回」）［Holbraad and Pedersen 2017］。

クリフォード・ギアツの議論も、こうした人類学の伝統のなかに位置づけることができる。ギアツはインドネシアのバリ島の王宮の祭礼を扱った『ヌガラ』において、国家を単に支配の手段とみなして、社会や経済といった側面にのみ重点を置き、儀礼を社会や経済の表現や反映としかみないアプローチを激しく非難した。その上で、国家の目的自体が儀礼の上演であるという「劇場国家」を、西洋の中央集権的な国家観に並置させた［Geertz 1980（ギアツ 一九九〇）］。ギアツは次のように述べている。

> なぜなら、この見世物［国王の儀礼］は単なる美学的な装飾物、すなわち［国家と］独立して存在する支配を礼賛するものではなかったからである。この見世物を演ずること自体が問題なのであった。
>
> ［Geertz 1980: 120（ギアツ 一九九〇：一四二）］

ここでギアツが激しく批判しているのは、宗教儀礼を統治の手段としてのみ論じようとする西洋の政治観である。

ギアツによる宗教概念の批判者としても知られる、人類学者のタラール・アサド［Asad 1993, 2003, 2018（アサド 二〇〇四、二〇〇六、二〇二一）］も、宗教と政治の関係については『ヌガラ』のギアツと同様の方向性を有している。アサドは『宗教の系譜』のなかで次のように述べる。

> ムスリムの伝統を理解しようとするときに、そこで宗教と政治（近代社会が概念的にも実践的にも分離しようと努めている二つの本質）が結びついていると主張するならば、理解の試みは――私の見るところ――失敗に帰さざるを

得ない。このようなアプローチをするならば、政治の世界における宗教的言説をア・プリオリに政治的権力の偽装とする立場を取るようになるかもしれない。これは最も疑わしい考えである。

［Asad 1993: 28–29（アサド 二〇〇四：三三）］

西洋近代の学問において定義されてきた宗教概念そのものが、西欧の宗教改革の歴史を通じて形成された政教分離のイデオロギーと密接に連関している、とアサドはいう。そのためイスラームにまつわる現象を、西洋の概念である「宗教」や「政治」を前提として、またそれらのあいだでの相互関係として考察するならば、重要な問題が取りこぼされてしまうというのである。このアサドの指摘は、イスラーム国家の創設運動を通じて成立したイスラーム共和国を、「政治」と「宗教」を分離した上でその関係を論じるのとは異なる切り口でアプローチをする道を切り開く。

イランのイスラーム革命において、最終的に実権を握った革命運動の成員たちは、シーア派内部の「法学者の監督」という理念に基づいた行動原理を有していた。それゆえアサドの議論は、国家が統治の手段としてイスラームを活用する、すなわち道具主義によってイスラーム共和国が成立しているとみなすべきではないという警告として解釈することができる。アサドは、後の『世俗の形成』において、現代のイスラーム主義運動に代表されるような宗教的運動を、その外見とは裏腹にナショナリズム的なもの、そして世俗的なものとみなす立場について激しく批判している［Asad 2003: 195–200（アサド 二〇〇六：二五五―二六一）］。この立場は、政治的イスラームを偽装化されたナショナリズムの形態であり、文化的ナショナリズムに過ぎないとみなしてしまうからである。

こうした道具主義的な説明への批判を踏まえて、アサドがイスラームの人類学のなかで提示したのが「言説的伝統」[*6]というアプローチである［Asad 1986b, 2017（アサド二〇二一、二〇二一）］。このアプローチは、それまでのイスラームの人類学でとられてきた二元論的なアプローチを乗り越えるものとしても位置づけられる。イスラームでは聖典であるクルアーンや預言者の言行録などを解釈していくことで、個別具体的な法規範を導いていく。西洋近代の学問として確立した東洋学におけるイスラーム研究では、ムスリムのイスラーム学者たちが著した文献を読解し、本質主義的にイスラームの教義を確定しようとするというアプローチがとられてきた。それに対し人類学では、イスラーム学者や東洋学者からは非イスラーム的だとして批判されることもある聖者崇拝や多神教的な要素のある信仰実践を対象とし、これらを地域的に多様な現れ方をするイスラームとして捉えようとしてきた［大塚 二〇〇〇、赤堀 二〇〇三、多和田 二〇〇五］。イスラームの普遍性と多様性の関係を把握すべく、「大文字のイスラーム（Islam）／小文字で複数形のイスラーム（islams）」［El-Zein 1977］といった二元論的な枠組みを設定し、後者の多様なあり方を記述しようとしてきたのである。しかし近年では「イスラーム復興」とよばれる現象、すなわち個別のムスリムが「普遍的な」イスラームを指向するようになる潮流について、これまでの二元論的なアプローチでは捉えられないとして、言説に着目しながら信念体系の形成過程を描くという方法が提唱されてきた［Eickelman 1987; Roff 1987; 多和田 二〇〇五］。このような流れのなかで、現在のイスラームの人類学で広く言及されるようになったのが、アサドの「言説的伝統」というアプローチなのである［谷 二〇一五］。

言説的伝統というアプローチはムスリムの間でイスラームをめぐる実践や議論や論争があるときでも、それを外部観察者の立場による分析枠組みから解釈するのでなく、イスラーム内部の言説の総体として、内在的に扱うべきというものである。たとえば第四章で詳しく取り上げる事例に、ある地域で伝統的に行われてきた自傷儀礼がある。これはホセインの追悼のために短剣で自分の頭を叩き、血を流す儀礼で、現在では宗教的位置づけの変化から、イスラーム法学者から批判される実践となっている。こうした転換は近代化によって自傷儀礼を野蛮とみなす思想がイスラームのなかにも入り込んだ帰結であるとみなすこともできるかもしれない。しかしアサドが提唱しているのは、こうした改革自体も、イスラームの論理に内在した議論の帰結であり、その意味で「言説的伝統」の内部にあるという見方である。ここでの「伝統」は、「創られた伝統」［Hobsbawm and Ranger 1983（ホブズボウム・レンジャー 一九九二）］のように近代的で再帰的な主体に発見され操作され、あるいは客体化される伝統ではなく、マッキンタイアが言うように、主体に先行し思考様式を制約するものとして想定されている。すなわち「あらゆる推論＝理由づけ《リーズニング》は、ある伝統的な思考様式の文脈の内部で行われ、その伝統のなかでそれまで思考されてきたものの限界を、批判と創案《インヴェンション》をとおして超越していく」［MacIntyre 1981: 222（マッキンタイア 一九九三：二七二）］のである。[*7]「言説的伝統の改革の歴史とはまさしく、これまで「外部」であると考えられていたものが、実は「内部」にある――あるいは少なくとも潜在的には内部にあるものの一部である――と、あるムスリムが他者を説得しようとする問題である」［Asad 2018: 93（アサド 二〇二一：一三四）］という。このようにアサドが人類学者に促すのは、ムスリムがある実践を肯定したり排除したりするときのイスラームの伝統に内在した推論＝理由づけを見ていくことなのだ［Asad 1986b（アサド 二〇二二）］。要するに言説的伝統に着目するアプローチは、イスラームの諸実践やその現代的な変化を、あくまでイスラームの論理に内在する形で説明するアプローチなのである。

フィッシャーが唱えたカルバラー・パラダイムを、アサドの言説的伝統として位置づけるならば、イスラーム共和国自体もカルバラー・パラダイムの内部で国家として成立したものとして位置づけられよう。たしかにホメイニー師の「法学者の監督」論も、それまでのシーア派の学問の積み重ねの上にある。イランにおけるシーア派の学問の中心地であるゴムで学んだホメイニー師は、一九六四年に世俗化政策をとるパフラヴィー体制下で国外追放になった後、イラクのシーア派の学問の中心であるナジャフにおいて自身の主張を展開した。それは、パフラヴィー体制やそれを支援する欧米諸国を「植民地主義」の手先ないし傀儡として批判し、それを打倒してイスラーム的な統治の樹立を呼びかけるものであった［ホメイニー 二〇〇三］。したがってその射程は、実際的な聴衆はシーア派に限定されるとはいえ、イスラーム共同体であるウンマに訴えかけているという点でホメイニー師の議論はイスラームの言説的伝統に属しているといってよいだろう。

これを踏まえれば、イランにおける政治と宗教の総体をイスラームの言説的伝統内部の過程として描くというアプローチが導かれよう。アサドが言説的伝統というアプローチを採ることによって強調するのは、イスラームの論理と西洋近代の論理のズレであった。たとえばアサドは国民国家のネイションと、イスラーム共同体であるウンマは「文法的にまったく異なる」[Asad 2003: 198（アサド 二〇〇六：二五九）] としている。そして、時に過激な暴力に訴えることも辞さないイスラーム主義と国家権力とが対立したときに、それぞれが異なる論理に基づいているものとして描くことが可能になるのである。このように言説的伝統を、道具主義に対立的なアプローチとして位置づけることができる。

### 3　道具主義と言説的伝統の間で

しかし言説的伝統のアプローチの重要性を確認した上で、なお考慮しなければならないのはイスラーム共和国を言説的伝統の内側でのみ記述することの限界である。それは二つの方向から指摘できる。第一に、道具主義的な説明そのものも研究対象の人々の間で共有されているという事実である。グッド夫妻はかつて、宗教儀礼が体制の正当性に疑問を呈する人々にとって抑圧の象徴となっていると述べた [Delvecchio Good and Good 1988]。本章の冒頭で言及したジャムシードやユーソフの事例では、儀礼から距離を置き、道具主義的に儀礼を理解する態度が見られた。このように、儀礼に対する道具主義的な解釈を現地の人々が一定程度している以上、カルバラー・パラダイムを単に言説的伝統としてのみ位置づけ、「西洋近代」の他者とみなすべきではない。そうすると、筆者がフィールドワークを通じて出会ってきた、道具主義的な語りをする人々、すなわちイスラーム共和国が統治のために宗教を利用していると語る人々を考察の外部においてしまうことになるからである。

第二に、説明の側において国家を考慮しなければならない側面が出てきてしまうという点である。一九七九年の革命運動の目的は、イランにおける欧米に従属したパフラヴィー体制の打倒であり、革命以後の最優先事項も自国をイスラーム共和国体制として整備することであった[*8]［吉村 二〇〇五］。また、「革命の輸出」を掲げていることからも明らかなように、最終的にはウンマを統一しようとするという理念があるにせよ、暫定的にはイランは領域をもった「国民国家」である。それゆえ、この国民国家としてのイランを円滑に運営することが主たる関心事であることに間違いはない。実際のところイランは、独自のイスラーム共和国憲法を作りあげているが、それは三権分立という近代世俗国家の構造を有しながらも、その国家機関の上にシーア派の高位法学者、すなわち「模倣の源泉」(*marjaʿ-e taqlīd*)以後、「法学権威」［黒田 二〇一五］たる最高指導者がいるという仕組みである。この国家と宗教が組み合わさったイラン固有の構造が独自の政治のダイナミズムを生み出しているのであり、そのダイナミズムをとらえるためには、ある程度国家に言及する必要があるのだ。

フーコーに倣って近代国家の権力の働きを強調する人類学者のサバー・マフムードは、世俗化を政教分離、すなわち近代化に伴う宗教領域からの国家の退場としてではなく、「宗教生活の実質的特徴を近代国家が再配置すること」［Mahmood 2013: 47］と捉えている。それは、近代国家の規制の範囲が、宗教の教義に由来した社会的・法的な規範へ拡大していくという意味である。その観点から言えば、いわゆるリベラル世俗主義国家に分類されるものであれ、イランのように世俗主義を否定した宗教国家であれ、近代の国民国家という制度そのものが宗教に対して大きく関与するという共通点を見ていくことが必要不可欠となる[*9]［cf. Mahmood 2005］。

マフムードを踏襲すれば、イランを国家による宗教の再配置によって成立しているとみなして、世俗主義国家と同様の論理で分析を進めることもできる。たとえば最高指導者の継承をめぐる政治過程は、代表的な事例であろう。一九八九年に、それまで最高指導者だったホメイニー師が死去し、当時大統領だったアリー・ハーメネイー師が最高指導者となった。この過程は国家と宗教的権威の間の緊張関係を端的に示すものである。当初は後継者に指名されていたモンタゼリー師とホメイニー師の確執が深まり、一九八八年に正式に指名が撤回された。とはいえ、代わりに次期最高指導者として予想されたハーメネイー師は、当時の憲法で規定された最高指導者の要件（第一〇九条）である、「法学権威」としての要件を満たしていなかった。というのも、シーア派内で解釈権を有する学識ある法学者とみなされるための一つの基準となる、『諸問題の解説集』を執筆していなかったのである。ホメイニー師の死後すぐに、専門家会議によってハーメネイー師が最高指導者に選出された。ただしその時点では、ハーメネイー師は憲法に記載された要件を満たしていなかったため、一時的な最高指導者であった［Arjomand 2009］。その後、国民投票によって修正憲法が施行され、最高指導者の要件から「法学権威」が削除され、候補者が競合する場合には政治的能力に優れていることが宗教的な学識よりも優先されるという追加された項に従って、ハーメネイー師は正式に最高指導者となったのである。

黒田によれば、そのときには国内の高位法学者の間で政治と宗教の二元的な役割分担がとられていた。すなわち政治的にはハーメネイー師が、そして宗教的には国家の方針に好意的な法学権威が紹介されていたのである。しかしその後、国家によって国民（のうちのシーア派信徒）が付き従うことが推奨される法学権威リストのなかにハーメネイー師も含まれるようになり、それは国家の最高指導者たるハーメネイー師は宗教的にも法学権威たるべきという要求に従ったものであった［黒田 二〇一五］。ハーメネイー師が最高指導者となって以降、国内では政治的都合に基づく、国家権力によるイスラーム法学者への介入が行われていると指摘する論者もいる*10［Walbridge 2001］。イスラーム共和国を単にシーア派の言説の伝統の内部として捉えるアプローチではこうした近代国家の論理が言説的伝統に及ぼす影響が捨象されてしまうのである。

## 二　理論的視座

ここまで論じてきたのは、国家が宗教を活用するという近代世俗国民国家の論理に基づく道具主義的な説明と、言説的伝統としてのカルバラー・パラダイムの内側にある国家としてのイランを説明していくという二つの見方について、どちらもそれだけでは十分に対象を記述できないということだった。このような理由から本書は、道具主義的な説明と、言説的伝統の内側に国家を位置づけるという二つの見方を相互に往復し、両アプローチの間の緊張関係を維持しながら、現代イランにおける宗教儀礼という対象にアプローチする。そうすることで本書が描き出そうと試みるのは、ホセイン追悼儀礼に内在する「服従」と「反抗」の二重性である。儀礼の二重性を理解するために理論的に重要なのが、次に挙げる二種類の二項対立である。第一に、国民国家が指向する全体と個の無媒介の接続に抗する形で、共同性が身体動作を含む宗教儀礼を通じて立ち現れること、そして第二に、国家が宗教的言説を通じて人々の身体動作を統制しようとすることに対して身体実践が抗することである。それぞれについて説明し、それらと儀礼に内在する二重性との関係について論じたい。

### 1　国家に抗する共同性

第一に問題とするのは、国家による統治と宗教儀礼を通じて立ち現れる共同性との関係である。人類学者の小田亮は、前述したセルトーの国家による「戦略」と人々の「戦術」の対比を、提喩的想像力と換喩／隠喩的想像力にパラフレーズする。小田は、近代国民国家が国民を直接統治しようとすることを、いわば全体と個を無媒介に直接結びつけるという意味で、「提喩」的関係と位置づけ、またそれに対抗するものとして、親族関係や主従関係のような「換喩的想像力」や、その延長線上でそのつど外縁が確定していく「隠喩的想像力」を位置づけている［小田 一九九七］。第一章で論じるように、ホセイン追悼儀礼は、地縁を基盤とした開催単位であることや、同じ場を共有する身体動作を行うことで共同性を立ち上げるという意味では換喩的想像力に基づき、また、ホセインの側とその敵という関係をアナロジーとして自他に割り当てていくという意味では隠喩的想像力に基づいていると考えることができる。したがってカルバラー・パラダイムを維持していく上で重要な役割を果たすとされたホセイン追悼儀礼において［Fischer 2003］、提喩的関係に対抗するシーア派の共同性がどのように生み出され作用するのかを問うことができる。

本書で見ていくのは、このような提喩的関係を指向し、それに抗する共同性に対処するために「戦略」を持ち出す国家と、それに対して人々の共同性が「戦術」として作用する両者の緊張関係である。第二章で取り上げるダンスは戦略と戦術の間の緊張関係が見られる格好の事例である。国家はイスラームの基準に基づいてダンスを規制しようとするが、ダンスもまた身体実践を通じて共同性を生み出しそれに挑戦していくのである。また、第三章で取り上げるカルバラー巡礼の事例では、イランの国境や国籍を超えて共有されるシーア派の身体作法が作り出す、いわばシーア派の共同性が、巡礼に関与して統制しようとする国家への潜在的な脅威となる様子を描き出す。そこでは宗教的共同体の外縁が国民国家の外縁に対する挑戦として作用している。

## 2　言説に抗する身体性

第二に問題とするのが、言説と身体の関係である。シーア派の法学権威は、人々の身体実践に関する規範的な言説を生み出しており、その意味でアサドのいう言説的伝統の一部である。しかし、ポスト構造主義フェミニストのジュディス・バトラーが述べているように、身体ないし身体実践は、あたかも不変の物質的外部であるかのように人々の言語を通じて構成されている［Butler 1990（バトラー 二〇一八）］。その意味で身体ないし身体実践は絶えず言説に還元しつくされない過剰性をもって、支配的な言説を攪乱しうるものとして現れる。そしてその過剰性こそが人々を宗教儀礼へと惹きつける要素でもある。法学権威が紡ぎだす言説は、過剰性をなんとか統御しようとする。また、前述した提喩的関係を指向する国家にとって、宗教儀礼を通じて立ち現れる共同性は潜在的な危険ともなりうるために、それを馴致していくことが喫緊の課題となる。そこで国家も宗教的言説を道具主義的に活用しながら人々の身体を統制しようとする。イスラーム共和国ではシーア派の法学権威としての最高指導者の言説が国家と宗教の結節点となる。第二章で取り上げる胸叩き儀礼に対する宗教権威による条件づけや、哀悼歌手の国家的管理が示しているのは、まさに国家が宗教的言説を管理することで人々の身体実践の過剰性を統制しようとしているということである。このような言説に基づく身体実践の統制の限界ともいえる事例が第四章で取り上げる自傷儀礼である。信仰に基づく過剰な身体実践である自傷儀礼は、宗教的言説を通じてそれを統制しようとする国家や宗教権威の「戦略」をすり抜けていくのである。

## 3　二つの弁証法

国家に抗する人々の共同性と言説に抗する身体性は、それぞれロイ・ワグナー［Wagner 1986］がいう意味での弁証法としてとらえることができる。国家と共同性、言説と身体性という、それぞれの二つの極は、それぞれが互いに他方を条件としながら相互に革新する弁証法的な関係にある。「弁証法の各極が他方の［極の］限定条件となる図と地の反転という包括的原理によって、弁証法が可能となる」［Wagner 1986: 25］のである。ただし、ここでの弁証法はヘーゲルの止揚ではなく、二極の間での分裂生成のような過程なのだ［ヴィヴェイロス・デ・カストロ 二〇一五：一五七］。これら二つの弁証法は、同一の形式でありながら二つの異なった弁証法である。本書では、この二つの弁証法を区別した上で、ホセイン追悼儀礼にまつわる諸事例を詳細にみていくことで、イスラーム共和国という体制の下でホセイン追悼儀礼に内在する「服従」と「反抗」という二つの相反する側面を動態的に描き出す。

## 三　本書の構成

本書は四章から構成される。第一章では、本書全体の前提となる、イランにおけるシーア派宗教儀礼の概要を示す。まず、イスラームの二大宗派の一つであるシーア派がどのように形成されてきたのか、そしてそのなかでホセイン追悼儀礼がどのように発展し、いかなる役割を果たしてきたのか概観する。その上で、イランにおけるシーア派の受容と宗教儀礼の発展の歴史をみていく。それを踏まえて、調査対象であるテヘランの歴史をシーア派の宗教儀礼を担う組織である「ヘイアト（*hey'at*）」の形成という観点から検討する。最後に、参与観察で得たデータを用いながら路上行進を行うヘイアトの事例を取り上げ、地域コミュニティと結びついた儀礼のありようを素描する。

続く三つの章は、ホセイン追悼儀礼の諸事例——胸叩き、カルバラー巡礼、自傷儀礼——を独立した主題として取り上げる。第二章は、第三章で展開する国家と宗教的共同性の対立および、第四章で展開する言説と身体の対立という理論的な主題の導入ともなっている。

第二章では、胸叩き儀礼と哀悼歌を、イスラーム共和国における音文化をめぐる政治の延長線上に位置づける。イランでは近代化以前から音楽やダンスの伝統があったが、イスラーム革命によって成立した体制は、イスラームの基準に基づいて音文化を規制している。しかしながらイラン社会において音楽やダンスの許容される範囲は事実上拡大している。この章では音文化に関する言説的伝統内の議論を参照しながら、国家がどのように音文化を通じた共同性の創出に対処しているのか、そして人々がそうした規制にたいしてどのような「戦術」を繰り出しているのかを検討する。最後に、音文化をめぐる政治が宗教儀礼のなかにも見出されることを論じる。

第三章では、イラクのカルバラーへの巡礼をとりあげ、現在の巡礼がカルバラー・パラダイムをめぐる道具主義と言説的伝統という二つの説明様式の間の緊張関係として捉えられることを示す。かつてより行われてきたカルバラー巡礼は、イランやイラクが近代国家として成立して以後、政治的理由から中断されていたが、近年における国際情勢の変化とともに巡礼が再開されている。本章ではまず、カルバラー・パラダイムの内側を生きる人々や国家によって、現在のカルバラー巡礼がどのように行われ、また国際関係がパラダイムのなかでどのように解釈されているのかについて論じる。そして、国家が人々を動員し体制を正当化するために、巡礼を手段として用いている側面について論じ、最後に巡礼の実践がそうした国家の意図を超えていくことを論じる。

第四章では、現在イランで禁止されている自傷儀礼についてとりあげ、禁止の背後にある論理を考察する。禁止されながらも秘密裏に行われている自傷儀礼は、イラン社会において非実践者からは嫌悪されている。言説的伝統の内部で法学権威が自傷儀礼を禁止する際の理由づけを検討するとともに、近代国家としてのイランが啓蒙主義的な外部からの視線を内面化することについて検討する。最後に、こうした説明に還元されないものとして、信仰に基づく身体実践の過剰性に対して、国家が対処を迫られる事態があることを指摘する。

## 四　資料および民族誌的データについて

本書は、ホセイン追悼儀礼というテーマの下で収集した文献、インターネット上の資料の他、主に二〇一三年から二〇一九年にわたり、イラン・イスラーム共和国において首都テヘランを中心に筆者が断続的に行ってきたフィールドワークに基づいている。なお二〇一八年には、隣国のイラク共和国でもカルバラー巡礼に関する調査を行っている。このように書くと、宗教儀礼の調査をするためにイランでフィールドワークを始めたように思えるかもしれない。しかし人類学的調査の特徴としてよく言われるように［谷 二〇二三b］、実際の時系列としては異文化での生活がまずあって、イスラームへの漠然とした関心を抱きながらさまざまな経験をしていくなかで、具体的な研究対象が浮かび上がってきた。筆者は二〇一四年から二〇一七年まではテヘラン大学の修士課程の学生として滞在していたのだが、そのなかでも特に重要な出来事がある。二〇一五年の夏に、大学のクラスメイトを通じて知り合った、同い年のクルド系イラン人男性から、テヘラン大学のあるエンゲラーブ広場の西南に位置する地区でのルームシェアを打診されたのだ。思い描いていた「イランらしさ」とは異なっていたために、大学の寮での生活に閉塞感を感じていた私は即決し、民家の屋上に作られた小屋に暮らすこととなった。家がある狭い路地から通りに出ると、小さな個人商店が立ち並び、近隣住民でにぎわい、生活感があふれていた。第一章や第二章で扱うホセイン追悼儀礼は主にこの地区で観察された事例に基づいている。

本書の議論は基本的に、民族誌的データに基づきつつ、著者の特殊性を排除する形で書かれている。しかし民族誌的データそのものは調査者の文化的背景や身体的特徴と無関係ではありえないということは、たびたび指摘されている［Heider 2015; Vartabedian 2015］。そこで可能な限り、フィールドワークの状況における筆者の位置についても言及しておきたい。

第一に、現代イラン社会を対象とした先行研究の多くが海外在住のイラン系の研究者によることを考えれば、フィールドにおいて筆者が明らかな「外国人」の風貌で目を引く存在であったことを明記しておく必要があるだろう。公の場所ではないところで行われるホセイン追悼儀礼の調査には、同伴したイラン人の知人の存在も欠かせなかったし、テヘラン大学の学生としての身分も大きな役割を果たした。とりわけ筆者が所属していたのはイラン学研究科であった。自己紹介の際に、テヘラン大学の学生であり、イランの文化を学びに来ていると説明することが多かった。こちらから細かく説明して聞きたいことを問いただしていくというよりも、人々が自らについて教えてくれるという状況が多かったように思われる。

第二に、筆者のジェンダーや年齢も調査を遂行する上でのバイアスとなっている。イランの社会では、イスラームの規範に基づいた男女の隔離が存在する。宗教施設において、入ることのできるエリアは男女で分けられている。男性である筆者には、そこで行われる女性の宗教実践を観察することができない。また比較的ホモソーシャルな社会構造であるため、本書におけるインフォーマントも必然的に男性が主となっている。さらに当時二〇台後半から三〇代前半であった筆者と同世代の人々と交流する時間が長かった。このような筆者がフィールドで築いた関係性が本書の議論全体に影響しているであろうことは書き添えて置く必要があるだろう。

2017年ザンジャーンのバーザールにて。アーシューラーが近づいているため，ホセインの名が記された横断幕で装飾されている

# 第一章　イランにおけるシーア派宗教儀礼の概要

## 一　シーア派と儀礼

本章の目的は、本書の対象である、現在イランで行われているシーア派の宗教儀礼の概要を示すことである。ここでシーア派の宗教儀礼とは、主に、ホセイン追悼儀礼（*marāsem-e ʿazādārī-ye hoseynī*）を指している。[*11] 一九五一年に東洋学者のグスタフ・エドムント・フォン・グルーネバウムはシーア派について次のように評していた。「神学的に過激な傾向は、シーア派に対する迫害が途絶えているこの数世紀間に薄らいだかもしれない。しかしシーア派の過敏な性格は、国家によって承認されている国のみならず、シーア派が行政権を持つ国においてすら、依然として抑圧された宗派特有のものである」［von Grunebaum 1951: 85（グルーネバウム 二〇〇二：一一二）］。シーア派では、スンナ派とも共通したイスラームの義務――信仰告白、[*12] 一日五回の礼拝、[*13] 喜捨、ラマダーン月の断食、マッカ巡礼（ハッジ）――に加え、預言者ムハンマドの血統を引くイマームへの敬意と関連した諸儀礼を執り行うことも強く奨励されている。また現在のイランを歴史的に理解する上で、サファヴィー朝期（一五〇一―一七三六年）以降のシーア派イスラームの展開は欠かすことのできない要素となっている。したがって現在行われているシーア派の儀礼について論じるためには、シーア派の発展の歴史や地域における展開を概観する必要がある。

本章ではまず、シーア派の形成と宗教儀礼の発展について見ていこう。その上でイランにおけるシーア派の受容と儀礼の発展の歴史を概観する。そして、儀礼の開催主体であるヘイアトという社会集団について説明する。それを踏まえて、調査対象であるテヘランの歴史を、シーア派の宗教儀礼を担うヘイアトの形成という観点から検討したい。最後に、参与観察で得たデータを用いながら路上行進を行うヘイアトの事例を取り上げ、地域コミュニティと結びついて儀礼が行われている様子を素描する。

## 二　追悼儀礼とイランにおける儀礼の発展

### 1　シーア派の形成とカルバラーの悲劇

ホセイン追悼儀礼は、イスラームの二大宗派の一つであるシーア派の形成の歴史にさかのぼる。なおここでは登場する人名について、基本的にアラビア語の読み方で表記するが、他の章で言及する際にはペルシア語の読み方で表記することに留意されたい。「シーア」という語はアラビア語で「党派」を意味する［Eickelman 1998; Aghaie 2004］。それは預言者ムハンマドのいとこで娘婿にあたるアリー・イブン・アビー・ターリブ（以後、アリー）およびその子孫が、イスラーム共同体（ウンマ）の正統な指導者であると主張した党派に由来する。シーア派では、預言者ムハンマドが六三二年に最後にマッカを巡礼した際に、ガディール・フンムという場所に立ち寄って説教を行い、そのときにムハンマドが、アリーを次のイスラーム共同体の指導者として指名したと考えている。[*14] しかしながら、そうではないと考えた多数派のムスリム、すなわち、後にスンナ派と呼ばれるようになる人々の間では有力者の合議によって、預言者ムハンマドの後継としてアブー・バクルがイスラーム共同体の代表であるカリフとして選出された。以後、ウマル、ウスマーンとカリフ位が引き継がれ、六五六年に四代目の正統カリフとしてアリーが選出された。しかし六六一年にアリーが暗殺されると、アリーと敵対しカリフ位を宣言していたムアーウィヤが唯一のカリフとなった。加えて、ムアーウィヤは死に際し、後継カリフに息子のヤズィードを指名し、このことが世襲王朝ウマイヤ朝（六六一―七五〇年）の始まりとなった。その一方で、それに対して反発したのがアリーの家族を支持する人々であった。この対立の背景には、アリーが居を構えていた現イラクのクーファの人々とムアーウィヤのいる（シリアの）ダマスカスの人々との間の政治的な対立もあった。

シーア派のアイデンティティを構成する重要な出来事が、アラビア語で一〇番目を意味する「アーシューラー」の日として記憶される、六八〇年一〇月一〇日（ヒジュラ暦六一年一月一〇日）のカルバラーの戦いである。アリーの次男で、シーア派第三代イマームのフサイン・イブン・アリー（ペルシア語ではホセインとなるので、以後ホセインとする）一行は、クーファの人々による請願もあり、ムアーウィヤの息子でウマイヤ朝第二代カリフであったヤズィード・イブン・ムアーウィヤに立ち向かっていった。しかしながら、ヤズィードの圧倒的な勢力を前に、ホセインは現在イラクにあるカルバラーの地において惨殺されてしまう。この一連の出来事は「カルバラーの悲劇」とも呼ばれる。

以後イスラーム共同体ではウマイヤ家によるカリフ位の世襲が続いていくなかで、幸いにも戦闘に参加しなかったために生き残ったホセインの息子でシーア派第四代イマームのアリー・ザイヌル＝アービディーンの血統が継続することとなった。シーア派は、それ以後もしばしば後継者をめぐる政治的対立によっていくつかの教派に分派してきたが、いずれにせよアリーの子孫を代々イマームとして敬ってきた。現在、イラン・イスラーム共和国の国教である一二イマーム派（*davāzdah-emāmī*）は、第一二代イマームのムハンマド・ムンタザルが、第一一代イマームであった父の死とともに、幽隠（Ar., *ghayba*）に入ったとして、近い将来に救世主としてこの世に再来し正義と公正をもたらすと信じる宗派である（以後「シーア派」とは特に断りのない限り、一二イマーム派を指すものとする。**図1－1**も参照）。

シーア派にとって「カルバラーの悲劇」は単なる歴史上の出来事を超越したナラティブとなっていることが、これまでに指摘されてきた［e.g. Chelkovski 1979; Ayoub 1978; Aghaie 2001］。序論でも言及したように、フィッシャーはそれを「カルバラー・パラダイム」と名付けた［Fischer 2003］。「カルバラーの悲劇」は、ホセインがヤズィードによる圧政（*satamgarān*）や不正（*zolm*）を受け入れず、勇敢にもそれに対して立ち向かい殉教してしまう物語として要約することができる。カルバラー・パラダイムにおいて、この物語は「歴史やコスモロジー、生の問題をすべて包摂するように拡大可能」［Fischer 2003 : 27］である。すなわち「カルバラーの悲劇」の物語が、時空を超えて信徒が目の前の現実に対して正義と不正義というカテゴリを当てはめる際の参照点となるのである。パラダイムの内側を生きる人々にとって、たとえばスンナ派勢力であったり欧米の国家であったりと、その時々の「敵」がヤズィードと重ね合わされ

**図1－1　12イマーム・シーア派の14人の無謬者の親族関係図**

（　）内はペルシア語での読み方

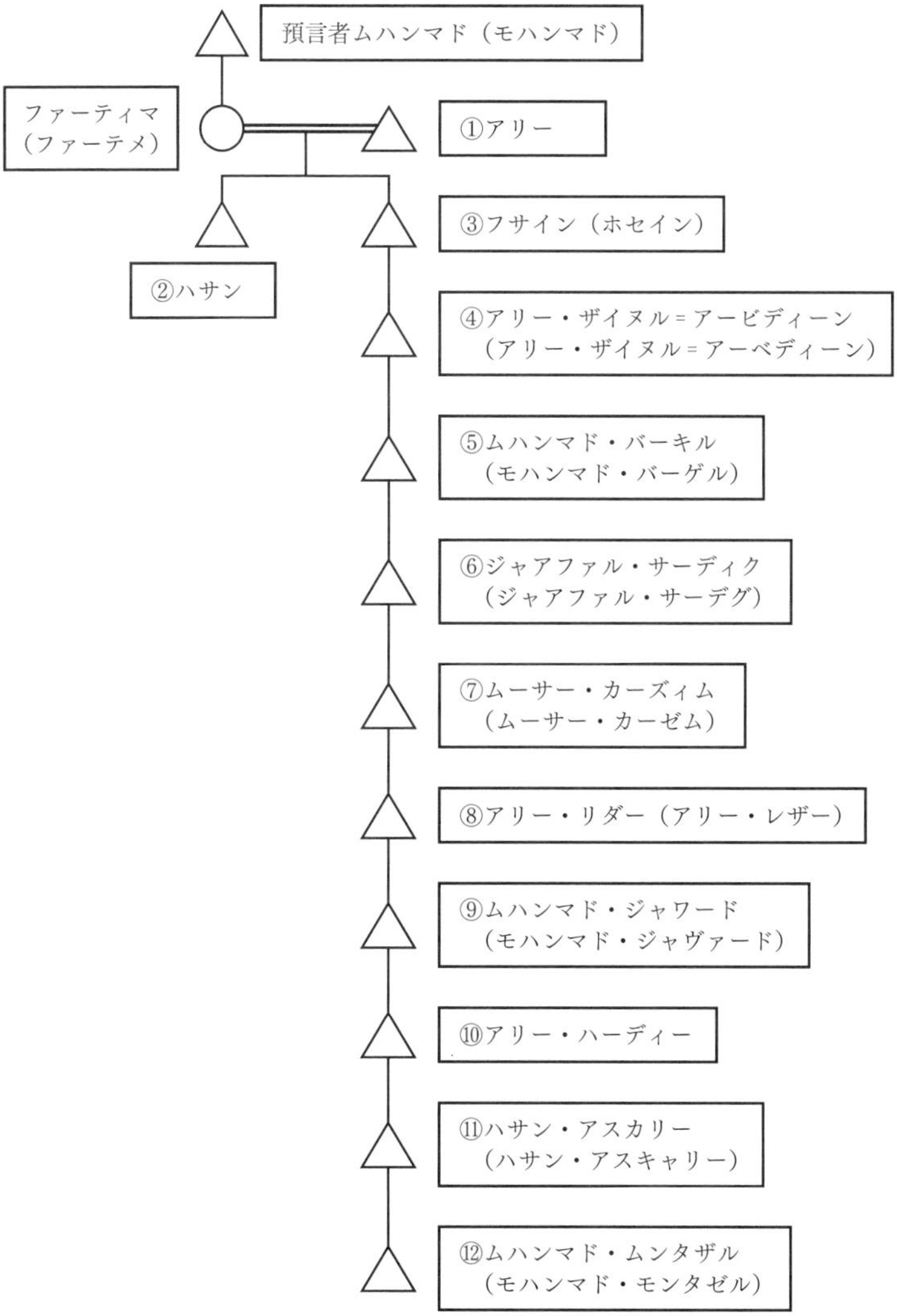

る。カルバラー・パラダイムには、あらゆる苦難に耐えるという受動性と、世界に対して働きかける能動性の二つの様相があるとされる[*15]［Keddie 1983; Ram 1996］。後に、イラン革命の主要な理論家の一人であったアリー・シャリーアティーは「すべての日がアーシューラー、すべての場所がカルバラー」というスローガンを掲げた。すなわち日常そのものがカルバラーの悲劇そのものであり、そこで各自がホセインを模範としてあらゆる不正に立ち向かうことを訴えた。

このようなカルバラー・パラダイムがシーア派の信徒の間で内面化する上で大きな役割を果たすのが、さまざまな形で行われる儀礼である。シーア派では悲劇の物語を共同的に記憶し継承することを目的として、本来的には悲嘆の意味を伴った追悼儀礼が行われるようになり、さまざまな形に発展してきた[*16]。シーア派の歴史研究者のナカシュはホセイン追悼儀礼を、①追悼集会、②カルバラーの墓廟への巡礼（*ziyārat*）、③路上行進（*daste*）[*17]、④殉教劇（*ta'ziye* あるいは *shabīh*）、⑤打ちつけ（flagellation）の五つに分類しそれぞれの起源と意味を論じた［Nakash 1993］。この分類は理念型としては便利だが、地域ごとにローカル化された儀礼の仕方の一部はこの分類の枠外にある［Masoudi 2018; Talebinezhad 1393］。後で詳しく論じるように、筆者が観察した限りでの儀礼も、つねにこのうちのどれかに分類できるわけではなく、実際に行われる際には、これらのいくつかのカテゴリにまたがって実施されている[*18]。そして前述した「カルバラーの悲劇」がさまざまな形で語られたり、劇の形で上演されたりする。

最後に、シーア派において、ホセイン追悼儀礼への参加が教義の重要な一部をなしている点に言及しておきたい。聖者と呼ばれる人の墓廟（聖廟）への参詣や預言者ムハンマドの誕生日を祝う儀礼（マウリド）はスンナ派の人々の間にも見られる。そして、こうした実践は人類学において、知識人のイスラームに対する民衆のイスラームとして議論の対象になってきた［赤堀 二〇〇三］。スンナ派のウラマーや知識人の間では、一方でこうした儀礼をイスラームで禁止されている偶像崇拝に抵触するという理由で排除する立場があり、他方で預言者の時代から慣行として行われていたことを理由に許容するという穏健な立場があり、両者が並立している。人類学が対象としてきたのも、このような二つの極の間の緊張関係なのであるが、シーア派の場合には状況が異なってくる。一二イマーム・シーア派では、イマームやその子孫の聖廟への参詣が公式の教義として積極的に推奨されてきたのだ［吉田 二〇〇四］。「大衆的」とされるような儀礼が、シーア派の公式の教義のなかに組み込まれていることには、預言者の血縁を重要視するという特徴のほか、歴史的にマイノリティであったという事実が大きく影響していると考えられる。シーア派のウラマーたちは、一方で一神教的な原理を探究しつつも、その考えに固執して一般信徒の実践を否定したり禁止したりすると大衆の支持を失ってしまう可能性があることにも敏感であったからだと考えることもできるだろう。もちろん、このことは外側からの評価にすぎない。あらゆる法的な実践にいえることであるが、法の実務者の視点からすれば外部からご都合主義であるとの批判がなされないように整合的な論理を組み立てるのが通常である。したがって、ご都合主義であると実証することは難しい。とはいえシーア派のなかにも何が合法あるいは望ましいもので何が禁止されるべきものなのかをめぐる論争もある。すなわちシーア派の法学者同士で、大衆迎合を批判することがあるのだ。スンナ派と比べて、イマーム崇敬の儀礼が教義のなかで積極的に位置づけられているとはいっても、シーア派内部においても儀礼の仕方をめぐる立場間の緊張関係がみられるのである。本書では全体にわたって、シーア派の法学者と一般信徒との間の緊張関係が議論の重要な核となる。

## 2　イランにおけるシーア派の発展

現在イラン・イスラーム共和国では人口の九〇パーセントがシーア派であるとされている。エスニック集団について言えば、母国語がペルシア語であるファールス[*19]（ここではカスピ海沿岸に居住するギーラーキーとマーザンダラーニーも含めることとする）と、次に数が多く、主にイラン北西部出身でテヘランにも多く暮らしているテュルク語系のアーザリー、そしてロルと主にケルマーンシャー州やイーラーム州に住むクルドの一部、アラブがシーア派である（図1－2）。イランがイスラーム化したのは、ゾロアスター教が国教であったサーサーン朝（二二六—六五一年）が、第三代カリフのウスマーンが率いるイスラーム帝国によって滅ぼされて以降のことである。さらに時代が下って、イランではサファヴィー朝の時代にイスマーイール一世によって住民のシーア派への改悛政策が進められることで、領域内のスンナ派だった住民が次第にシーア派へと改悛していった。この改悛には西のオスマン帝国や東のウズベク人といったスンナ派に対抗して支配を正統化するという政治的な意図があったという［Aghaie 2004 : Keddie 2006］。歴史的にシーア派の重要な学問の拠点であったオスマン朝領シリア地方南部（現在のレバノン南部）からシーア派法学者を招聘することで、多数の宗教学校が作られたエスファハーンはシーア派の学問の中心地にまで地位を高めた。一七世紀から一八世紀初頭にサファヴィー朝が衰退するまでは、エスファハーンがシーア派教学の学問的中心であった。その後、一八世紀にはイラクのナジャフやカルバラーといった、イマームの廟のある諸都市へと学問の中心が移っていった。二〇世紀になって、テヘランとエスファハーンの間に位置し、それまでも学問的拠点の一つであったゴムが学問的中心として急成長し、一九七九年のイスラーム革命の原動力の一つとなっていった［黒田二〇一五］。

追悼集会や路上行進といった儀礼はシーア派の初期から信徒の間で行われており、イランにも輸入された。サファヴィー朝時代には、シーア派の儀礼はイランで大きな発展を遂げた［Ayoub 1978; Rahimi 2011］。一六世紀のイランではロウゼ（*rowze*）という殉教譚が発展した。これはカルバラーの悲劇の話をペルシア語で情念的に語るもので、文字の読めない人々がシーア派の教義を理解する助けとなった。またロウゼハーン（*rowze-khān*）と呼ばれる語り部も登場した［Aghaie 2004］。ガージャール朝時代（一七九六—一九二五年）にはタァズィーイェと呼ばれる殉教劇が発展した［Chelkowski 1979; 2010; 谷二〇二〇b］。こうした儀礼の発展の背景として、イスラーム化以前の演劇の伝統との関連が指摘されている。かつてよりミトラー神の悲劇、サーサーン朝ザリール王子の殉教死や『王書』における「スィヤ

図１−２　イランにおけるエスニック集団のおおよその分布と本書に登場する地名

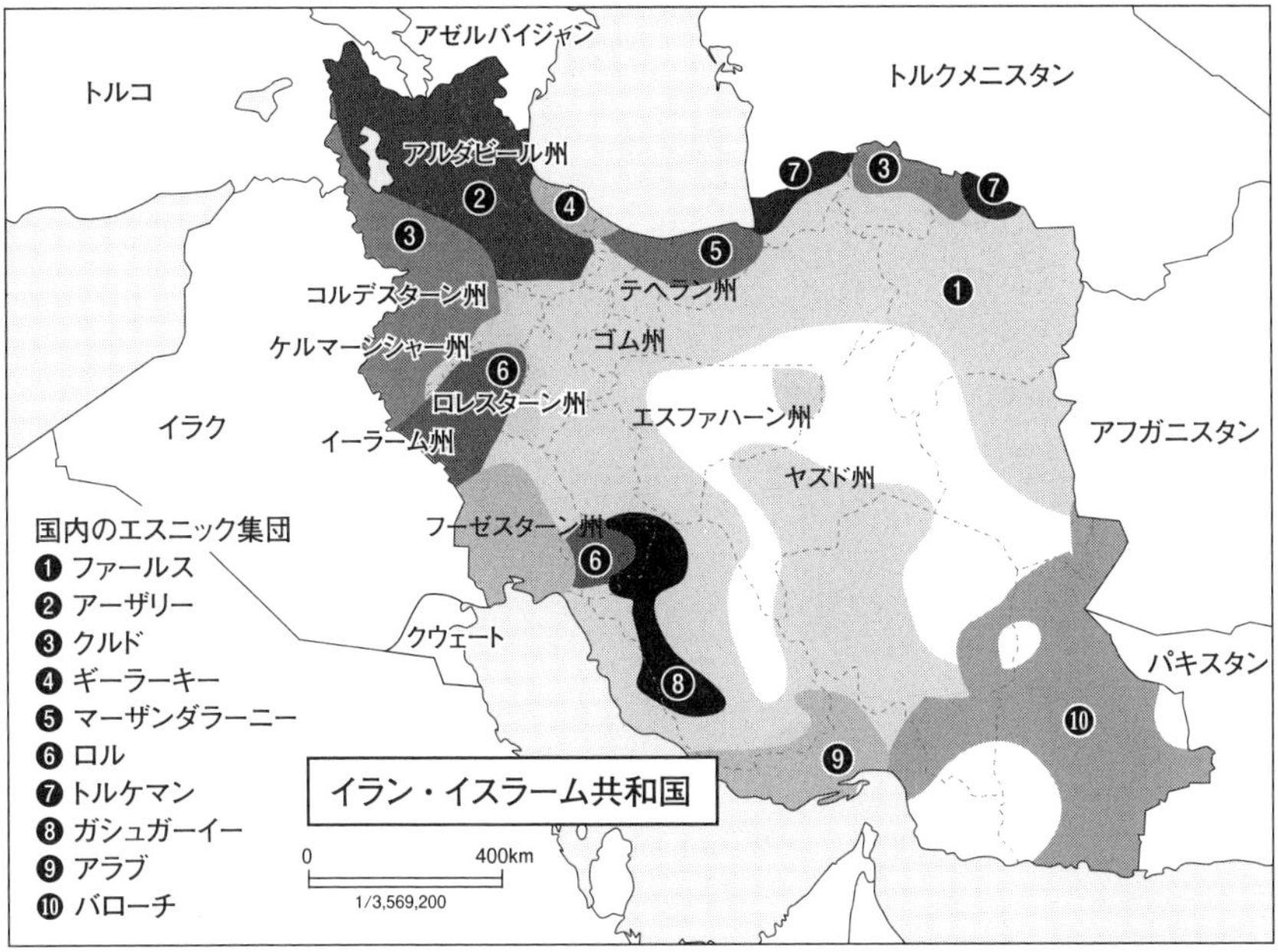


米国 CIA 地図製作センターによる 2004 年版の地図を参考にして筆者が作成した（https://www.loc.gov/resource/g7620.ct001323/ 2021 年 11 月 18 日閲覧）。なお，エスニック集団の境界は目安である。

ーウシュの死」など、悲劇の上演と受容という文化的な土台があったというのである［Yarshater 1979］。また他のシーア派の儀礼も、その発展する過程において、以前から存在した土着の儀礼や慣習を取り込んできたことが指摘されてきた。たとえばイラン南西部のデズフールのホセイン追悼儀礼について論じたマスウーディーによれば、デズフールには一九八〇年代前半までチューブバーズィという木の棒を使ったチャンバラごっこのような地域固有の儀礼が行われていた。観衆が作る丸い輪のなかで、一〇から一五センチほどの木の棒を持った二人がリズムに合わせて歩いたり飛び跳ねたりしながら、お互いに木の棒を叩きあうというものである。マスウーディーは革命以後の状況のなかで、この儀礼は娯楽のようで不適切なものとみなされ消滅した、と論じているが［Masoudi 2018 : 31–32］、「伝統的儀礼」としてデズフールで再び行われていることが二〇一六年には国営通信社のＩＲ

NAによって報道されている。[20] このようにホセイン追悼儀礼は、主要な宗教的象徴を核としながら、時代や地域の固有性と結びついて拡張してきたと言ってもよいだろう。第二章で詳しく論じるのも、現在行われている胸叩きの儀礼やそこで歌われる哀悼歌が、現代のイラン社会における音文化と密接に結びついている事例である。

またイランにおいては、イスラーム革命以後のシーア派の儀礼の国家化ともいえる展開を指摘することができる。一九八九年に死去したホメイニー師の遺体は、テヘラン南部にあるベヘシュテ・ザフラー[21]という名前の国営墓地の隣にある巨大な廟に祀られている。イラン暦ホルダード月一四日（西暦七月三日または四日）はホメイニー師の命日であり、国民の休日となっている。この日、廟にはホメイニー師の支持者が集まり、第二章で詳しく取り上げる「胸叩き」を含む追悼の儀礼が行われている。この儀礼は太陰暦ではなく太陽暦に沿って行われていることが示すように、シーア派の正統的な儀礼ではなく国家儀礼として扱われるべきものであるし、また参加者もシーア派信徒のうちのイスラーム体制のイデオロギーの支持者に限られているため、道具主義的な儀礼という意味合いが強い。とはいえ儀礼の実施の形式において、廟の建築や儀礼自体はシーア派の仕方を踏襲しているため、連続性があるともいえるのだ。

## 3 儀礼の開催単位としてのヘイアト

現在のイラン社会では、ホセイン追悼儀礼は主として、ヘイアト（*hey'at*）と呼ばれる社会集団によって担われる。ヘイアトの語源はアラビア語の「*hay'a*」で、「形」、「姿」、「状態」といった意味がある。そして、さらにそこから派生して、ある人々の集まり全体の「形」や「姿」となる、すなわち代表として責任ある権限を持った「集団」という意味を持つ。現在のペルシア語にもこれらの意味は継承されているものの、「集団」の意味で用いられることが多い。[22]

イラン革命以前にテヘランでフィールドワークを行った人類学者のタイスは、宗教のヘイアトを二種類に分類した。バーザール商人やギルドなどの職業に基づいて結成された「組合のヘイアト（*hey'at-e senfi*）」と、都市に流入した下層の近隣住民によって結成された「地域のヘイアト（*hey'at-e mahalle*）」［Thaiss 1972：現地語表記は本書の形式に合わせた］である。[*23] 後者は、単に居住地区で結成する場合や、アーザリーやロルといったエスニック集団に基づく場合、ケルマーンシャー州出身のように同郷に基づく場合などに細かく分類することもできる。ヘイアトには、地区名やイスラームに関係した名前がつけられていることが多い。これらは主に男性のみが参加するもので、女性は別の宗教的集会（*jalase*）を開くことがある[*24]［Torab 2006; Osanloo 2009］。

ヘイアトは任意で結成・開催することも可能であるが、合法的に活動をおこなうためには「イスラーム発展機構[*25]（*sāzmān-e tablighāt-e eslāmi*）」という機関に公的に登録されなければならない。この機関は、一九七九年にホメイニー師の命令によってその原型が作られ、一九八一年にイスラーム共和国のイデオロギーを促進することを目的とした組織として確立し、現在は最高指導者の配下に置かれている。ヘイアトの責任者には年齢や学歴などの細かい条件が付けられている。また構成員として、それぞれ国家に登録されているイスラーム法学者、哀悼歌の歌手であるマッダーフ、そしてクルアーン指導者が明記されなくてはならない。[*26]

ヘイアトは同心円上に緩やかに組織されている。まず中心となる成員がおり、全体の運営に携わり、宗教儀礼を執り行う。次に定期的にヘイアトで行われる儀礼に参加する成員がいる。そしてその周りに、宗教儀礼に参加する目的のために、ヘイアトへの所属意識をもたずに儀礼に参加する人々がいる。ヘイアトの会計は基本的には成員が任意で出し合う。しかし個人の寄付額は——もちろん公然の秘密となってしまっている場合もあるにせよ——成員間では共有されないことになっている。寄付は個々人の善意として行われるべきだと考えられており、支出額が明らかになってしまうと、多額の寄付をした人とそうでない人との間で権力関係が発生してしまうからである。またイスラームでは、善行を見せびらかすことは偽善（*riyā*）として避けるべきとされる。ヘイアトは、少なくとも理念上は、神、そして預言者やイマームの名の下に構成員が平等に扱われる組織として意図されているのである。

## 4　テヘランの形成とヘイアト

筆者が二〇一五年から二〇一七年まで二年間程度暮らしていた地区は、テヘランの中心部ともいえるテヘラン大学のあるエンゲラーブ広場よりも少し南西に位置する。ヘイアトの数が多く、モハッラムの時期になると街中が追悼儀礼のために装飾され、夜になるといたるところで儀礼が行われるのを目にした。また家の中にいても外から太鼓やマッダーフの歌声が聞こえてくるほどであった。これはテヘランの南部で一般に見られる特徴である。このような特徴は、二〇世紀におけるイランの近代化に伴うテヘランの発展の歴史と密接に関連している。そこでまず、テヘランの歴史をヘイアトの形成と関連づけながら論じたい。

テヘランはイラン・イスラーム共和国の首都である。人口は、二〇二二年現在、約九四四万人で、[*27]西アジアでは最大の人口を誇る都市である。地理的には、アルボルズ山脈の南に、北のカスピ海からは約一〇〇キロ離れたところに位置する（**図1－3**）。テヘランの北部は標高が約一七〇〇メートルであり、南部は一一〇〇メートルである［Beheshti 1395］。このようにテヘランは北から南にかけて傾斜となっているのであるが、それは経済的・文化的なヒエラルキーとも連動している。一般に、北の高度の高いところに行けば行くほど、富裕層が居住し、南に行くにつれて経済的な階層が下がっていくという特徴がある［Bayat 1997 : 27］。このような都市構造は、テヘランが[*28]一八世紀にイランの首都となり、とりわけ二〇世紀におけるイランの近代化に伴って急速に拡大したことに由来する。一七九六年にガージャール朝のアーガー・モハンマド・ハーンが遷都するまで、テヘランはイランのなかではあまり重要でない小さな都市だった。エスファハーンやシーラーズなどの他のイランの大都市とは異なって、大きなモスクや城といったイスラーム都市の特徴を持ってはいなかった［Khosravi 2008］。遷都されたときのテヘランは、サファヴィー朝時代に作られた城壁に囲まれた、四平方キロメートルほどの都市であった［Kariman 1355］。ガージャール朝の首都となって以降五

図１－３　テヘラン市の行政区画と本書で言及する地名　（筆者作成）

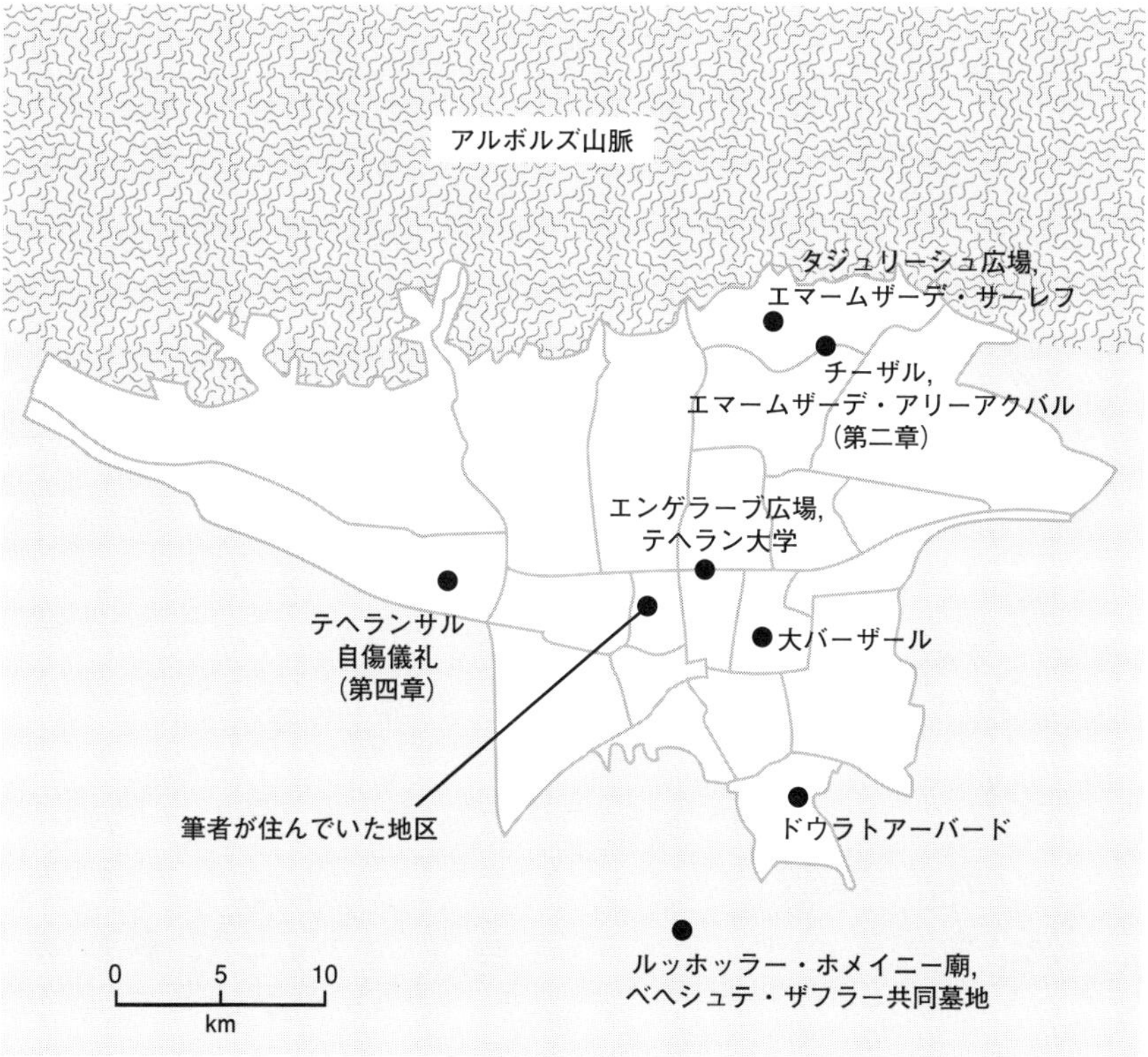


〇年ほどは、人口が八万人ほどであったが、一八五五年と一八七九年に大規模な都市計画が進められ、二番目の計画によって城壁が作り直されて、一九平方キロメートルの城壁都市となった。この時代のテヘランは、屋根付きのバーザールと三つの主な居住区から構成されていた［Vahdat Zad 2012］。一九〇五年ごろから次第に地方から人々が移住してくるのに伴い、テヘランは拡大していった。

　筆者が居住していた地区は、一九六〇年代のモハンマド・レザー・パフラヴィーによる近代化政策（白色革命）に伴って、地方からテヘランへ急速に人口が流入したときに形成された。当時、住宅は無計画に作られ、スラム街となっていた［Bayat 1997］。その特徴は現在でも残っている。道路はほとんどが一方通行でその間に路地や行き止まりが迷路のように張り巡らされている。アスファルトで覆われた狭い道の端にはくぼみが作られていて、雨水や生活排水が流れる。現在では古い一軒家が集合住宅へと建て替えられるケースが増えているものの、中庭があり居間のある建物と台所やトイレが別になっているつくりをした家も残っている。[*29]

地方からの人口流入によってこの地区が居住区となっていたときに、出身地別や居住地域に基づいたヘイアトが人々の間で結成されていった。ヘイアトは、単に宗教儀礼を行うのみならず、友人や仕事の紹介といった人間関係構築の役割を果たしていた［Thaiss 1972］。地方からテヘランに移住することで生まれ育った土地の人間関係から切り離された人々が、新たな人間関係を構築する場として機能したのである。テヘランの南部では、このようにして一気にヘイアトが形成され、宗教儀礼が行われたことが、イスラーム革命時に人々の動員においても重要な役割を果たした。ヘイアトの人間関係を通じて、ホメイニー師のカセットテープが流通し、反王政デモの日時や場所が伝達されたのである［Arjomand 1988］。

## 三　現代テヘランのアーシューラー

### 1　モハッラム月のテヘラン

現在、ホセイン追悼儀礼は、ホセインの殉教日であるアーシューラーの正午を最高潮としながら、その前後の数日間に行われる（**図1－4**）。追悼の集会は、主にモハッラム月一日の夜から毎晩行われる。ヒジュラ暦では日没から日付を数え始めるため、太陽暦に変換した場合には、その日付の前夜にあたることに注意が必要である。[*30] モハッラム月およびホセインの殉教日の四〇日忌にあたる、翌月のサファル月二〇日（アルバイーン）までは喪に服す期間とされる。そのため、この期間中に結婚式は行われず、国営放送では娯楽番組が放送されなくなる。また、必ずしも強制

**図1－4　鎖叩きの路上行進とそれを見物する人々**
2017年にテヘラン市内にて筆者撮影

ではないが、服喪を意味する黒い服を着ることが推奨される。そして赤を含む派手な色の服装はヤズィードを表すとして禁忌されるようになる。二〇一三年当時テヘラン大学の大学院生であった、ケルマーンシャー出身でシーア派のクルドの男性は、ホセイン追悼儀礼には積極的に参加しておらず、また普段礼拝なども行っていなかった。しかし「モハッラムの時期には派手な服は着ないようにしている」と彼は語った。社会への敬意からそうするのだというのである。

モハッラム月の儀礼に向けた準備は、月の初日の二週間ほど前から始まる。街では追悼を表す装飾をするために、ヘイアトの成員である男子が夜中に集まって作業を行う。トラックで資材が運ばれてきて、ヘイアトの年長者が指示して若者が組み立てなどの力仕事を行う。作業は木曜や金曜などの休日の夜に段階的に行われ、作業が夜の一二時を過ぎることもある。まず、鉄のパイプが道路の側面に沿って、あるいは門のように道路をまたぐ形で組まれる。そして黒い布で側面や天井が覆われる。「ヤー・ホセイン」などのイマームを称える句やヘイアトの名前の刺繡やプリントが施された黒い布が飾り付けられる。そして、夜になると緑色の光を放つ蛍光灯が灯される。モハッラム月に入ると、多くのヘイアトによって、熱い紅茶やシャルバットと呼ばれる甘く冷たい飲料、あるいは食事などを提供する屋台（*istgāh-e salavātī*）が道路沿いに立ち並ぶ。これは、第三章で取り上げるカルバラー巡礼において大々的に見られるものでもある。そして、道を通る人々や行進儀礼を見学に来た人々に飲料や食事が振舞われる。これはナズリー（*nazrī*）と呼ばれる施しであり、ある人が願かけを行い、それが叶ったときに、神への（そしてそれをとりなしてくれたイマームへの）感謝の表明として行われる。なかには、レンガを用いた骨組みを土で固めるなど、本格的に創られた屋台も散見される。また屋台には大きなスピーカーが設置され、第二章で詳しく取り上げるノウへ（*nowhe*）という哀悼歌が大音量で流れる。これらはアーシューラーの日が終わると、次第に撤去され、街の景観は日常へと戻っていく。追悼儀礼の仕方は地域によって、また都市の内部においても多様性がある。[31] イラン中心部にあるヤズドではナフルと呼ばれる木製の山車を担いで回る儀礼が有名である［e.g. Fischer and Abedi 1990; ボルークバーシー 二〇一二］。またロルの人々が多く住むロレスターン州ではアーシューラーの朝に体に泥をぬって（*gelmālī*）行進を行う（**図1－5**）。テヘランにおいてもロレスターン州出身者で形成されるヘイアトによる路上行進では同様に行われる。また、第四章で詳しく扱うように、アーザリー地方の一部やテヘランに居住するアーザリー出身者の間では、剣を頭に叩きつけて血を流すガメザニーが行われている。

儀礼の多様性はテヘランのなかにも見られる。商業の中心である大バーザールの商人たちのヘイアトはテヘランのなかでも長い歴史を持ち、「生粋のテヘラン人（*asl-e tehrānī*）」を自負している。アーシューラーの昼にはバーザールの入り口の近くにある地下鉄パーンズダヘ・ホルダード駅の前に大きな黒いテントが設置され、殉教劇が上演される。またテヘラン北部のタジュリーシュにあり、テヘラン中から多くの参詣者が訪れるエマームザーデ・サーレフ廟に隣接したバーザールでも、普段野菜や果物などを販売している場所に舞台が設置され、殉教劇が上演される。テヘラン

図1－5　2015年アーシューラーの午前中，ホッラムアーバードにて泥を塗って路上行進に参加する筆者

南東部のドウラトアーバードには、サッダーム・フセイン政権下にイラクのカルバラーから移住してきた人々が多く住んでいる。彼らはもともとイラン系であるが母国語がアラビア語となっているのである。ドウラトアーバードでは、ホセイン追悼儀礼を行うために常設された建物である、ホセイニーイェ（*hoseynīye*）あるいはタキーイェ（*takīye*）の前にカルバラーの巡礼路を模した屋台が立ち並び、アラビア語の哀悼歌が流れる。

一般論として次のことがいえる。比較的裕福で、大きな集合住宅が多いテヘランの北部では宗教的な関心が薄い人が多い。それでもモハッラムの時期には横断幕がかけられ、地区でヘイアトが結成されて、路上行進（*daste-gardānī*）や集会が行われる。一方、筆者が居住していた地区を含む南部は人口密度が高く［Tehran Geographic Information Center 2005］、モハッラムの時期になるとそれぞれのヘイアトが各自の場所を装飾し各自の名前を貼り出す。そのため、ヘイアトの存在を容易に確認することができる。大きな通りに面した路地

**表１−１　ある日のヘイアトＡの儀礼のスケジュール**　（2017年にテヘランにて観察）

| | |
|---|---|
| 19：30 | 太鼓を持った路地に子どもたちが集まり始める。 |
| 21：00 | 路上行進が始まる。 |
| 22：00 | 近隣のヘイアトのタキーイェを訪れ、アラーマトの前で鎖叩き儀礼を30分から１時間ほど行う。終わるとまた行進が始まる。 |
| 23：00 | 出発地に向けて行進。 |
| 23：30 | 本拠地に戻って鎖叩き儀礼。 |
| 24：30 | 儀礼後，ヘイアト長の家の駐車場を拡張して建てられた小屋で食事が配られる。小屋の中ではそこで食事ができるようにプラスチック製のシート（*sofre*）が敷かれるが，家族の人数分の食事を家に持って帰る人が多い。 |

ごとに一つはヘイアトがあるといっても過言ではないだろう。そして、夜になると多くのヘイアトが追悼の行進を行うために路上に繰り出し、またあるいは室内で胸叩きの集会を行う。地区内では家の中にいても、太鼓の音やマイクで拡声された哀悼歌の声が四方八方から聞こえてくるのである。このように儀礼の仕方には地区によって多様性がある。

## 2　路上行進儀礼と鎖叩き

本項では、筆者が居住していた地区で路上行進を行うヘイアトを具体例としながら、地区と儀礼が結びついている様子を描き出す。エマーム・ホメイニー通りに面したある路地にＡという名前のヘイアトがある。このヘイアトは主に路地の近くに住む人々から構成されている。活動は主に路上行進と鎖叩き（*zanjir-zani*）である。モハッラムの時期になると、通りに面して門のように鉄パイプが組まれ、ヘイアトの名前と設立日が記された横断幕が取り付けられる。門の奥は両側面と天井を黒い布で覆った空間が作られている。さらにそこから奥の路地にはヘイアトの長の自宅がある。彼の家の一階にある駐車場の部分を道路に向けて拡大するように、木材で黒い小屋であるタキーイェが建てられる。なかには絨毯が敷かれ、壁にはイスラームに関連する言葉の刺繍が施された黒い布が貼り付けられる。この場所に入るのは男性だけで、室内で胸叩きの儀礼を行うときや、儀礼の後に食事を配るときに使用される。

**図1−6　アーシューラーの朝にアラーマトを担ぐ男性**
2017年にテヘラン市内にて筆者撮影

路上行進を行う期間はヘイアトによって異なる。早いところではモハッラム月の初日から行進を行う。また数は少ないながらも、アーシューラーが終わった後も行進を行うヘイアトもある。ヘイアトAではモハッラム月の五日目の前夜から一〇日目の前夜にかけて毎晩行進を行う。モハッラム月一日の前夜には成員が路上に集まり、牛が屠られ解体される。解体された肉は、儀礼終了後にヘイアトで出される食事で提供される（**表1−1**）。

路上行進のなかでまず目を引くのが、「標識」や「印」を意味するアラーマト（*ʻalāmat*）ないしアラム（*ʻalam*）と呼ばれる器具である（**図1−6**）。アラーマトは金属製の柱を組み合わせて作られ、一本の柱だけで立つ形になっている。そして動物をかたどった金属製の彫像[*32]や刺繍が施された布、鳥の羽などで装飾されている。また、ガスランプがびっしりと取り付けられたアラーマトや、近年ではLEDの電飾が取り付けられたアラーマトも見られる。子どもが持ち上げる小さいサイズのものから、大きいもので重さが一五〇キログラムを超えるものまである。基本的には、革のベルトを身体に巻き付け、アラーマトの中心の棒をベルトに付属した穴に差し込み、一人が担ぎ練り歩く。筆者も何度か持ち上げさせてもらう機会を得た［谷 二〇二二a］。他の担ぎ手のなかには、お前にできるのかという風な顔をしている人もいたが、持ち上げてみせたときには、「よくやった」と声をかけてくれた。重さもさることながら、うまく歩くためには左右前後のバランスをとることが重要である。

アラーマトの装飾はそれ自体に意味づけもなされるが、他のアラーマトとの比較を通じた意味もある。モハッラムの時期には多くのヘイアトがアラーマトを用いた路上行進を行っている。したがって外に出て行う以上は、他のヘイアトの行進との比較にさらされることになる。ヘイアトAには二つのアラーマトがあり、どちらもこのヘイアトの成員である五〇代男性の所有物であった。彼は貿易会社の代表をしている人で、背広を着ているなど小ぎれいな身なりをしていた。普段、アラーマトは彼の自宅に保管され、防犯カメラが設置されているという。二〇一六年に筆者に対して、「来年はこのアラーマトに金を塗るんだよ。それがイマーム・ホセインのために私ができることだから」と彼は語った。二〇一七年に再びこのヘイアトを訪れたとき、その言葉通り、彫像などの金属の溝部分に金が流し込まれていた。アラーマトをきれいに装飾することで、周りのヘイアトの路上行進との差異化を図っているのである。また他のヘイアトでは、「カルバラーの戦い」の登場人物を模した衣装を着た人々が参加したり、戦いを再現した模型（首を斬られたホセインの身体など）を台車に乗せて行進したり、なかには本物の馬やラクダにまたがって行進をしたりと、各ヘイアトが予算に応じて人目を引く工夫を凝らしている。こうした傾向に、ポトラッチのような、威信をかけたヘイアト間の競争を読み取ることもできよう。

ヘイアトAの行進は次のように行われる。まず、ヘイアトの名前が刺繡され二本の竹棒で支えられた旗を二人の子どもが持ち先頭を歩く。そしてその後ろをアラーマトが通る。アラーマトは五、六人の男たちが交代しながら、一人が担ぎあげて歩いていく。交代するときには周りにいる人全員でアラーマトを支え、次に持ち上げる人のベルトの穴にアラーマトの支柱が差し込まれるのを待つ。倒れそうになると周りにいる男たちが支える。アラーマトの後ろでは男たちが二列で等間隔に並ぶ。列の真ん中にはマイクを持った男が哀悼歌を歌う。そして、その後ろを大太鼓や小太鼓を持った大人や子どもが続いていく。太鼓には「YAMAHA」と印字されているが正規品ではない。列の後ろには台車の上にスピーカーが取り付けられていて、マッダーフの声が拡声される。鎖を持った男たちは、太鼓の音とマッダーフの歌声に合わせながら自分の身体に鎖を打ちつけていく。鎖叩きの本義はホセインの苦痛を再現することとされるが［Nakash 1993］、ここで用いられる鎖には刃はついておらず、鎖自体も軽い金属で作られているため、身体に叩きつけてもほとんど痛みはない（図1－7）。その点で、第四章で取り上げる自傷儀礼よりも、第二章で取り上げる激しい胸叩きの儀礼との類縁性が強いと見たほうがよいだろう。次節で詳しく説明するが、路上行進では近隣のヘイアトをいくつか訪問する。そして訪問が終わった後は、本拠地に戻ってきて、その場で一時間ほど鎖叩きの儀礼が続けられる。儀礼が終わった後にはヘイアトの長の家に設置された黒い小屋で、発泡スチロールの容器に入った「施し」の食事が配られる。すべてが終わるのは夜の一二時を過ぎた頃である。

**図1－7　鎖叩きで用いられる鎖**

2017年にテヘランの南に隣接する古都シャフレ・レイのバーザールで購入（2021年筆者撮影）

ヘイアトで儀礼後に配られる「施し」は二つの意味を持つ。前述した屋台と同様に、イマーム・ホセインの名のもとに食事を分け与えることが美徳とされているために、「施し」は分け隔てなく実践されるべきである。その一方で、儀礼の後にヘイアトで配られる施しの食事は、儀礼の参加者とその家族に優先的に配られ、そして余れば、通りがかった人にも配られる。[*33] 本来的には路上生活者などに食事を与えることが想定されているが、そうでない場合も散見される。儀礼が終わる時間を見計らって施しの食事をもらうためにヘイアトを訪れる人もいるのである。このような打算的な人々の存在は、しばしばヘイアトの成員の関心事となる。[*34] あるときに筆者も、「食事をもらうためだけに来る奴がいるから、［必要な分も配れずに］足りなくなっちゃうよ」とヘイアトを運営する男性がつぶやいたのを聞いたことがある。しかしながらイラン社会において、けち(*khasīs*)とみなされることは不名誉であるため、儀礼に適切に参加した人だけがもらうべきだといったことが表立って言われることはない。

### 3　追悼儀礼の作法

ここまで具体的に論じてきた儀礼は、路上行進にせよその他の儀礼にせよ、シーア派の教義においては悲嘆の発露として意味づけられている。とはいえ儀礼自体が実際に果たしている社会的機能を、悲嘆という意味づけを超えて、いくつか指摘することができる。

第一に異なるヘイアト同士の交流や相互的な敬意を確認する機能がある。行進儀礼には地区の在り方と結びついたいくつかの作法がある。ヘイアトAでは行進の順路は日ごとに代わるが、それは近隣の別のヘイアトの本拠地をいくつか訪れるように選択される。訪れた際には、そこにアラーマトを立てかけ、それを運んでいた男たちもそれぞれ鎖を手に持つ。そしてその前で三〇分から一時間ほど、マッダーフの哀悼歌に合わせて背中に鎖を打ちつける、鎖叩きの儀礼が行われる。儀礼の途中ではアラーマトの前で羊が屠殺されることがある。[*35] またそのとき、邪視除けのために使われるエスパンドの煙が焚かれ[*36]白煙が立ち上る。哀悼歌は時折激しいペースになり、太鼓の音も一段と大きくなる。それに合わせて男たちも、力強く鎖を自身の身体に打ちつけていく。儀礼の最後には、マッダーフによって訪れたヘイアトの人々の健康などが祈願され、サラヴァート（salavāt）[*37]が唱えられる。その後、訪れた先のヘイアトからお茶やジュースが振舞われる。またモハッラムの時期には多くのヘイアトが路上行進を行うため、同じ通りで別々のヘイアト同士がすれ違うことがある。このようなときには、まずアラーマト同士が向かい合う。そして双方がアラーマトを前後に傾けて揺らしながら、相互に祈願を行う。相手に対して敬意を示す様は、イラン社会一般に見られるタアーロフと呼ばれる敬意を表す表現および行動様式を想起させよう[*38]［cf. 吉枝 一九九四］。路上行進の儀礼は実際にヘイアト同士の交流も兼ねているのである。

第二に儀礼の観客同士の交流を促す機能がある。なかでも特に異性同士が出会う場としての機能は見逃すことができない。道路わきでは行進がやってくる一時間も前からそれを待ち構えて並ぶ人々がいる。子連れで来ていたり、なじみの者同士で雑談をしたりするのが観察される。時折、化粧を入念にした若い女性を見かけることもある。彼女たちは、普段夜に理由なく外出することが許されない場合でも、モハッラムの時期だけは例外的に外出することができるのである。モハッラムの儀礼は異性同士が出会う場として機能することもあるのだ。ヴァルズィ［Varzi 2006］が指摘するように、イスラームの儀礼が他の目的の口実に使われることがあるといえよう。したがって儀礼をすることについての批判的な語り口でよく聞かれるものの一つが、「彼らは信仰心から儀礼をやっているのではなく、女性にモテようとするためにやっているのだ」という語りだ。このように追悼儀礼は、シーア派の悲嘆の儀礼という教義上の意味を超えて、それを担う人々の住む地区の在り方や人々の生活と密接に関連しているのである。

## 四　地域生活に根づいた宗教儀礼

本章では、ホセイン追悼儀礼に関する基礎的な前提を確認してきた。まず、シーア派の成り立ちについて概観し、マイノリティとしてのシーア派が追悼儀礼を通じて自らのアイデンティティを再生産してきたことを指摘した。次に、イランにおける人々のシーア派への改悛とシーア派の発展について素描した。そして最後に、ホセイン追悼儀礼が街で行われる際の開催単位と地域との関係について論じた。ホセイン追悼儀礼を開催する単位は、ヘイアトという社会集団である。その多くは、テヘランが近代化する際に増加した人々の間で結成されたもので、伝統的な人間関係から切り離された人々が新たなネットワークを形成する役割も担っていた。また、ヘイアトの形成はイスラーム革命における人々の動員にも役割を果たしてきた。現在でもテヘランの南部ではモハッラムの時期になると多くのヘイアトが路上行進儀礼を行う。そして、それは地区の人間関係や生活と密接に関連している。

本章で示した路上行進の儀礼に見られる特徴は、次章以降で取り上げる儀礼とも共通している。ヘイアトが主体となっている点や哀悼歌に合わせた激しい身体動作を伴う点では第二章で取り上げる胸叩きとも共通する。また、移動を伴い、道路わきに屋台が立ち並び、ホセインの名の下での施しのやりとりを通じて共同性が立ち現れるという点では、第三章で取り上げるカルバラー巡礼と共通する。鎖叩きの動作の激しさに見られる言説を超えた身体性は、第四章で取り上げる自傷儀礼において頂点に達する。それぞれの儀礼が互いに部分的に特徴を共有する形で並存しているのである。

2017年，テヘランの公園でギターを演奏する若者。「公の場所」における音楽は革命後にイスラーム法の下で禁止されているはずだが，事実上の許容範囲は次第に広がってきている

# 第二章　音文化の規制と儀礼の拡張

## 一　音文化としての儀礼

ホセイン追悼儀礼のなかで、悲嘆を表す動作として手の平で胸を打ちつける「胸叩き（*sīne-zanī*）」は特に広く行われている［Nakash 1993］。本章では胸叩きの儀礼を、現代イランの音文化をめぐる政治と連続したものとして位置づける。とりわけ、イスラーム共和国の下で音楽やダンスが規制されつつも、国家と人々との駆け引きのなかで許容される範囲が拡大していくさまを民族誌的に描き出す。それにより、ホセイン追悼儀礼が音文化をめぐる政治を内包していることを示す。

第一章の最後に取り上げた鎖叩きの儀礼から見出されるのは、ホセイン追悼儀礼の一環として行われる追悼行進のなかで太鼓が用いられ、マッダーフが哀悼歌を歌い、それに合わせて鎖を身体に打ちつけるといったことである。儀礼のなかには音楽とそれに合わせた身体動作があることから、音が作り出すコミュニケーションとしての音文化《おんぶんか》として儀礼を取り扱うことができる［西尾ほか二〇一〇］。しかしながらイスラーム社会において、音楽やダンスが無条件に推奨されるわけではなく、時には禁止されることもあったという事実を考慮に入れるならば、このことは奇妙にも思える。特にイスラーム革命以後、公共空間において規制が敷かれていくなかで、イラン社会における音文化、すなわち音楽やダンスもまた特殊で両義的な地位に置かれてきた。もちろん現在のイランに限らず、歌や踊りは歴史上さまざまなところで人々の動員と結びついたり、またそれゆえ統治者によって制限されたりしてきた［e.g. リーヴィー二〇〇〇］。こうした状況において、国民を統制しようとする統治の「戦略」に対して、人々の「戦術」も立ち現れる［セルトー一九八七］。イランの事例の特殊性を見るためには、音楽やダンスをめぐる国家の統治の論理と、イスラームにおける音楽やダンスの地位をめぐる論理がどのように絡み合っているのかに着目し、またそれぞれの論理における人々の対処の仕方をみていく必要がある。

イラン革命以後、イランでは公の場での音楽やダンスが一部規制されている。革命以前に人気だった歌手の多くは国外に亡命した。また最近では、SNSを含む公共の場でのダンスを理由に逮捕されるというニュースが、しばしば欧米のメディアにも取り上げられている。たとえば二〇一八年にはイランでも人気のSNSであるInstagram上で、六〇万人以上のフォロワーを持つ女性が逮捕されたことが、『ガーディアン』に取り上げられた。逮捕の理由は、彼女がダンスの動画をアップロードし、それによってイスラームの規範からの逸脱を助長しているというものであった。[*39]こうした類のニュースは欧米の人権NGOによっても問題とされ議論の対象になることもあるが、ここではその是非には立ち入らない。むしろここで問題にしたいのは、このような報道を文字通りに受け取ることからは理解することができない現地社会の状況である。確かに、イランにおいて音楽やダンスが規制あるいは禁止されている、という表現は間違ってはいない。とはいえ法的に禁止されているといっても、法の適用の仕方や違反した場合の社会的制裁の在り方は社会によって異なっている。そのため私たちが日常生活のなかでも用いている「禁止」や「規制」、「逮捕」といった言葉のイラン社会における位置づけを考慮することなく、前述の『ガーディアン』の記事からイラン社会を理解しようとすれば、娯楽が規制される権威主義国家において虐げられる人々といった、実態からかけ離れた印象を得るだろう。本章は現地でのフィールドワークを通じて筆者が得た、身体をめぐる微妙なニュアンスを可能な限り取り上げていくことで、このような記事の字面からは見えてこないイラン社会の音文化をめぐるダイナミズムを民族誌的に描き出すことも試みる。

## 二　イスラーム共和国における音文化の規制をめぐる攻防

イスラームに基づく統治を行う革命後のイランでは、音文化が規制されてきた。このことは、イラン社会においてそれらが重要ではないということを意味しない。イランには革命以前から音楽やダンスの伝統があり、現在でもそれは受け継がれている。そして社会のなかでさまざまな形で音と結びついた実践が「音楽」や「ダンス」といったカテゴリの下、ある種の政治を生み出している。本節では、音楽とダンスそれぞれについて国家と人々の間の相互関係とイスラームの言説的伝統の内部における音文化をめぐる議論がどのように絡まりあっているのかをみていく。特にダンスについては、人々の身体を統制しようとする国家の動きと、それに対して人々が「戦術」を繰り出していく様子を描写する。

### 1　イスラームと音楽

一九七九年に起こったイスラーム革命の原動力の一つは、パフラヴィー体制下（一九二五—一九七九年）においてイラン社会で広まっていた欧米文化——「西洋かぶれ（*gharb-zadegī*）」［Al-e Ahmad 1997］——に対する反発であった。当初、最高指導者のホメイニー師は国営ラジオで働く人々に向けたスピーチのなかで、音楽とアヘンを並置することで有害さを訴え、番組から「音楽を完全に廃絶」［Siamdoust 2017: 6–7 内での引用］することを訴えた。次第に、マスメディアから多くの音楽が消え、各地にあった音楽学校が閉鎖された。また体制は、イラン革命防衛隊の指揮下にある動員組織であるバスィージ[*40]を使って、音楽に関係する機材の没収なども行った。こうした取り締まりの根拠は憲法にあるとされる。一九七九年に制定されたイスラーム共和国憲法の第四条では、「すべての市民、刑罰、財政、経済、行政、文化、軍事、政治およびその他の法律および規則は、イスラームの基準に基づいたものでなければならない」と規定されている。そして、「この原理の解釈は監督者評議会のイスラーム法学者の責務である」とある。監督者評議会は六人のイスラーム法学者と六人の法学者から構成されている。このようにイランにおいては法がイスラームに基づかなければならないことが憲法で規定されており、そのことを担保するのが監督者評議会なのである（憲法第九一条二項）。そして監督者評議会は最高指導者によって任命されるので、最高指導者の見解に沿って法律がイスラーム的に妥当かどうかを判断することになる。

ただし、そもそもイスラーム法における音楽の位置づけについては議論がある。イスラームの聖典であるクルアーンには、音楽についてはっきりとした言及があるわけではない。それゆえシーア派に限らずイスラーム一般において歴史的に、イスラーム法学者の間で音楽の妥当性が議論されてきた。『イスラーム世界における音楽』を著したアムノーン・シロアッハによれば、現在のスンナ派およびシーア派の主要法学派では、女性の独唱が禁止であるということについて、見解が一致している。しかしながら、それ以外の範囲についての解釈は異なっている。たとえば音楽を全面的に禁止するもの、条件付きで許可するもの、神秘主義的な実践として称揚するものなど、多様な立場がある[Shiloah 1995]。在米のイラン系研究者で、『革命のサウンドトラック』を著したスィヤームドゥーストによると、中世の有力なイスラームの学者たち——ガザーリーやファーラービー、イブン・スィーナー（アヴィセンナ）など——は音楽を好意的にとらえていたが、ホメイニー師を含む後世の学者もガザーリーらの見解に従っている。その要点は、ある音楽の可否が音楽そのものの性質で判断されるのではなく、聞き手の意図が重要であるということだ[Siamdoust 2017: 7–8]。

シーア派を国教とする現在のイランにおける音楽の位置づけを考える上で、一二イマーム・シーア派の法の構造について確認しておく必要がある。イスラームの多数派であるスンナ派では、四つの法学派があり、信徒はいずれかの学派に従うとされ、法の解釈を行う権威も緩やかに分散している。それに対して一二イマーム・シーア派の信徒は、理論上は二分される。すなわちイランのゴムやイラクのナジャフなどにある、ホウゼと呼ばれる神学校（*howze-ye ʿelmīye*）で学問を修め、イスラーム法の解釈権を持つ者（ムジュタヒド（Ar., *mujtahid*））と呼ばれるムカッラド（Ar., *muqallad*、信徒に従われる者を意味する）と、ムジュタヒドの法解釈に従うムカッリド（Ar., *muqallid*, 以後、「一般信徒」とする）である。ムジュタヒドのなかでもさらに参照される高位の法学者を本書では「法学権威」［黒田 2015］と表記しているのであるが、彼らは「模倣の源泉（*marjaʿ-e taqlīd*）」と呼ばれ、相互に承認し合うとともに、支持者からの資金援助を受けることで権威を確立している。したがって法の解釈権を持たない一般信徒は、並存する法学権威を選択し、彼のとなえる法解釈に従うことが求められる。たとえば日常生活のなかで、ある行為の適法性を知りたい場合には、法学権威が書いた信仰生活の手引書である『諸問題の解説集』（*resāle towżīh al-masāʾel*）を参照することができ、また街にある法学権威の弟子が運営する法学事務所で尋ねれば、回答（ファトワー（Ar., *fatwā*））を得ることができる。近年では、頻繁になされる質問に対しては、法学権威のウェブサイト上に回答が掲載されている。「正しく」行動したいと思うシーア派のムスリムであれば、このような手段を用いて規範を知り、それに従おうとするのである。

　もちろんこれらは原則的な話であって、実際に分析する上では他の要因も考慮する必要がある。第一に、法学権威の認定が法学権威同士の相互の認証によるために、法学権威自体が相対的であるということがある。たとえば、ある地域で人々から法学権威とみなされて尊敬を集めている法学者が他の主要な法学権威からは認められていない場合もありうる。第二に、法学権威の選択の理由もさまざまである。一般信徒は自分自身の政治的指向に沿って選ぶ場合もあれば、同郷であるという理由、さらには単に有名であるといった理由で選ぶことがある［黒田 二〇一五：一二九］。第三に、そもそも、あらゆる一般信徒が法学権威の法解釈を参照しながら生活しているわけでもない。国家が関係しない事柄についてはイスラーム規範について無関心な人々も多く、法学権威の違いに関心がなく参照せずに独自で判断している場合もある。

いずれにせよ、これまで述べてきた一二イマーム・シーア派の法の構造を踏まえるならば、音楽の妥当性についても、並立する法学権威の間で見解の違いがあり、一般信徒は、複数の法学権威の解釈のうちの一つに従うと想定できる。とはいえ、これが成り立つのはあくまでも公権力が及ばないという意味での私的空間における個人的な次元の話である。公共空間においては、国家権力を背景に特定の音楽が許可ないし排除される。そしてその基準は国家機構の構造上、最高指導者の見解に基づいたものとなるのだ。

許容される音楽の範囲をめぐってスィヤームドゥーストが指摘するのは、これまでホメイニー師が音楽の可否の基準を提示してきた一方で、同時に一定の解釈の余地を残してきたということである。ホメイニー師は自身の初期の著作のなかでギナー（Ar., *ghinā*）に該当し、それゆえ禁じられている音楽と、そうではない音楽の区別を行った。イスラーム法では、ギナーは喉からの歌声の一種でタラブ（Ar., *tarab*）という状態を引き起こすものとされる。タラブとは「計り知れない快楽のために、過剰にうっとりしたり興奮したりする状態、あるいはまた、計り知れない悲しみのために過剰に緊張したり不安を感じたりする状態」［Irani-Qomi 1397: 90］のことである。タラブは楽器の演奏によっても引き起こされる。つまり、ギナーは、「通常、娯楽とうぬぼれの集会の出し物」［Siamdoust 2017: 91］である。ただしギナーのなかでも、たとえば「哀悼歌、クルアーンの朗唱、ラクダの世話人がラクダに対して歌う歌、結婚式における歌など、人を適切に導く歌」［Irani-Qomi 1397: 97］は合法であって、前述した規定からは除外される。すなわち歌唱がギナーであるか否かは、歌唱そのものの性質のみならず、歌唱を取り巻く文脈にも依存しているのである。

またホメイニー師が「音楽（*mūsīqī*）」で意味するのは、楽器から出る音のうち、娯楽とうぬぼれの集会を意図していないものである。一九八八年に出されたテレビやラジオおける音楽の放送に関する最後のファトワー（ムジュタヒドによる回答）では、タラブを引き起こす音楽は禁止であり、疑わしいとされる声は禁止されないと述べた。ホメイニー師の見解によれば、音楽がタラブを引き起こすかどうかは、あくまで聞き手によって判断されるのであるが［Siamdoust 2017: 91］、先に述べたように、イランでは実際に聞き手の意図に判断がゆだねられるということはなく［Siamdoust 2017: 8–9］、判断を委託された国家の機構によって場当たり的に規制の範囲が決定されてきた。しかし、こうした許容される音楽の範囲も次第に変化していった。次項では、革命以後のイランで許容される音楽の範囲がいかに拡大してきたかを見ていく。

## 2　許容される音楽の範囲の拡大

イスラーム法に基づいて国家が違法な音楽を判断し規制しているといっても、その具体的な取り締まりの実践において、禁止とされる範疇には揺らぎがみられる。先に言及したように、革命後、ホメイニー師は音楽の有害さを訴えていた。しかし、そこで意図されていたのは、あらゆる音楽を有害だとして否定することではなかった。ホメイニー師が音楽の有害さを訴える演説を行う一年前には、革命や自由、独立をテーマにした歌（*sorūd*）が左翼グループやペルシア古典音楽家などによって制作され、そのテープが人々の間で流通していた。革命の成就においてこうした音楽は一定の役割を果たしたのであり、革命後に多くの人々がこのことを訴えた。「イラン、イラン（*īrān īrān*）」、「この自由の涙（*īn bang-e āzādī*）」、「立ち上がれ（*barkhīzīd*）」、「ホメイニー、ああ指導者（*khomeynī ey emām*）」といった男性の合唱による勇ましい雰囲気の革命歌はホメイニー師によって禁じられた「音楽」のカテゴリの外にあるものとして、テレビやラジオにおいて放送されるようになった［Siamdoust 2017］。

その後の一九七九年五月一日には、さらに状況を変化させる出来事が起きた。ホメイニー師の弟子で、イスラーム共和国の重要な理論家でもあったモルテザー・モタッハリー*41の暗殺である。国営放送では、彼の死を悼み、「純粋な殉教者（*shahīd-e moṭahhar*：「純粋な」を意味するモタッハル（*moṭahhar*）とモタッハリーの苗字（*moṭahharī*）をかけている）」と題する曲を放送した。この曲はイランの伝統的な歌唱法で唄われた曲で、それまでの許可されてきた革命歌とは異なる音楽であった。そのことは、ヘズボッラーヒー（神の党派の人々）と呼ばれる、宗教的であることを自称しイスラーム革命の大義に心酔していた人々の間に衝撃をもたらしたという。たとえばスィヤームドゥーストは、二〇一一年のファジュル・フェスティバルのパネルディスカッションでテヘラン大学の女性社会学者が回顧的に語った当時の様子を挙げている。それによれば、当時この社会学者は、自らと同じような志を持ち、全身を黒のチャードルで覆った友人たちと一緒にいた。昼食をとる際に立ち寄った店にあったテレビから「純粋な殉教者」が流れるなり、皆がそのことに驚き、テレビの電源を切った。そしてテレビで「音楽」が流れたことについて議論が始まったのだ。そこにいた一人は流された音楽は許容されないと主張し、別の人はそれに対して反論したという［Siamdoust 2017 : 89–90］。

この事例からわかるのは、まずもってイランにおいて許容される音楽の範囲が拡大してきたという事実である。ホメイニー師が「純粋な殉教者」を合法な音楽として承認して以降、ホメイニー師の従来の見解から敷衍することで禁止されると考えられ、違法として取り扱われてきた音楽の一部も体制のなかで許容されるようになった。こうしたことからは、音楽は原則として禁止されるものの、宗教イデオロギーを掲げる国家にとって都合の良いもの、たとえばイラン・イスラーム共和国を称えるものや指導者を称えるものはギナーには該当せずに許容されるということを指摘することができよう。

しかしそれだけでなく、この事例はイランにおいて音楽の禁止に関して働いている権力の性質についても示唆的である。第一に、この事例に出てくる女性たちは、特定のジャンルの音楽を不道徳なものと考え、日々の生活のなかでそれを聞かないように心がけるように努める主体である。サバー・マフムードが取り上げた、エジプトの敬虔運動に参加する女性のように［Mahmood 2005］、彼女たちはホメイニー師による、「「音楽」を聴くことは禁止される」という見解を内面化し、生活から遠ざけるように実践していたのである。第二に、後述するダンスの事例のように、音楽を集団で聞く場合もあるとはいえ、基本的には音楽を聞くこと自体を個人的な行為の問題と考えることができる。したがってイスラーム共和国において宗教的な次元で音楽の禁止について作動している権力は、ミシェル・フーコーが『監獄の誕生』で述べた、一望監視的な独房において囚人に対して働いている権力のようなものだとみなすことができるかもしれない［フーコー 一九七七］。前述したホメイニー師の見解では、音楽が禁止されるかどうかの基準は諸個人の判断にゆだねられていた。必ずしもすべての人がそれに従うわけではないものの、ホメイニー師を自身の法学権威と定める人はホメイニー師の見解を内面化し自分に規範を課していくのである。しかし第三に、前述の事例が示しているのは、国家の基準よりも厳しいイスラーム法の基準を自らに課していた個別の信徒は、許容される音楽の範囲が国内で拡大することによって、肩透かしを食うことにもなりうるということだ。そしてまた、そのことが顕わになるのは、他人の実践を目の当たりにするとき、すなわち複数の人々が同じ場に居合わせるときなのである。

イスラーム共和国のイデオロギーと直接結びつくような曲であることとは別の理由から、許容される音楽の範囲が拡大することもある。ユーソフザーデによれば、一九八〇年から続いたイラン・イラク戦争が一九八八年に終結し、国内にも自由を求める動きが広がるなかで、イランでも音楽のコンサートも開かれるようになった。また一九八九年には国際社会のなかでソ連の影響力が弱まり、米国が超大国となっていた。この時期には、ビデオテープや衛星放送といった新しいマスメディア技術の登場もあり、米国の文化的制作物も他国へと広がるようになっていった。こうしたなかで一九九二年には、一九八九年から新たに最高指導者となったハーメネイー師が西洋の「文化的侵略」への対抗キャンペーンを打ち出した。これにより、ペルシア古典音楽やその他の民俗音楽が、西洋に文化的に対抗しうる、イラン固有の土着の音楽として正当化されていった［Youssefzadeh 2000］。体制にとって、国家を超越したイスラームという価値だけではなく、その価値と原理上は対立するイラン・ナショナリズムもまた、理念として重要視されていることは度々指摘されている。たとえば学校で用いられる教科書において、パフラヴィー朝時代の王政賛美と結びついていたために革命以後には姿を消した『王書』が一九九〇年代から再び掲載されるようにもなった［桜井 一九九九：二四七］。また体制の作る文化的制作物のなかに、『王書』のモチーフが使われる事例もある［Bajoghli 2019: 108］。革命後にイランを取り巻く状況の変化とともに、イスラームの基準に従って厳しく制限されていた音楽も、イスラーム共和国体制の護持という目的と結びつくものであれば許容されるようになってきているといえよう。[*42]

こうした理解をさらに裏付ける事例が、二〇二〇年一〇月に死去したイランの国民的な歌手であった、モハンマド・レザー・シャジャリヤーンである。シャジャリヤーンは革命の前から国内で活動していたが、革命後も国内に残り人々の支持を得てきた。ただし政治的な事柄からは距離をとっていた。シャジャリヤーンによるペルシア古典音楽の技法を取り入れたスタイルは、反西洋を掲げ、海外の音楽を敵視する政府の意図とも一致していた。しかしながら、イラン国内の改革運動であった「緑の運動」のデモが二〇〇九年に当局から暴力的に鎮圧されたことについて、シャジャリヤーンが公的に抗議を行って以降は、彼自身も彼の音楽も国営メディアからは追放されてきたのである［Siamdoust 2017: 63–85］。ところが、訃報のニュースは国営メディアによっても報道され、特集記事も出された。[*43] 大統領や外務大臣をはじめ主要政治家による哀悼の意も示された。[*44] こうした一連の出来事は、もはや体制を脅かす可能性がなくなったがゆえに、人気歌手の死を体制の存続に寄与するものとして結びつけなおしていく動きとして見ることができるだろう。

ところで、そもそもイスラーム共和国において許容される音楽の範囲が拡大していくことには、イスラームにおける許容に関する基準の曖昧さが関係している。こうした曖昧さは、実際に個別具体的に音楽の適法性を判断しなければならない当局の職員にとっても悩みの種であった。そのようなかで当局側でも、許容範囲の曖昧さを減らす試みがされてきた。スィヤームドゥーストによれば、二〇一一年には、イランの国営放送局であるＩＲＩＢ[*45]（Islamic

Republic of Iran Broadcasting）がすべてのテレビおよびラジオの事務所に向けて冊子を発行した。これは現最高指導者であるハーメネイー師の見解をマニュアル化したものであった。しかし、このマニュアルの登場で曖昧さが解消されたわけではなかった。女性のソロの歌声、という一見したところ明確に禁止された規定に関しても、例外的な事例が存在する。ＩＲＩＢの職員がある宗教的な歌のなかで女性のソロのパートのある曲の放送の可否をハーメネイー師に尋ねたところ、宗教的であるという理由で許可されたというのである。そして、この曲に関してはＩＲＩＢの外では他のイスラーム法学者による批判もあったというのだ［Siamdoust 2017: 92–94］。このことは、イスラームに基づく国家による音楽の規制ないし許容の判断が、イスラームの言説的伝統内部にあって、今なお論争のなかにあることを示す事例でもあるだろう。

これまでみてきたように、イラン革命以後はイスラームの原則に従って国家によって音楽が制限されることとなった。ただしイスラームの言説的伝統の内部にも音楽の許容範囲をめぐる議論があるとともに、国内では最高指導者の見解に沿って、国家が公的な場での音楽を取り締まってきた。そこでは基準が曖昧であることも相まって、イスラーム的に許容される音楽の範疇は、基準そのものを変えることなく規制が緩和される方向へと変化していった。まずは宗教的、特にそのなかでもイスラーム共和国体制を称える音楽が許容された。そして「反西洋」などのように、体制が掲げる価値につながると考えられるものであれば愛国的・郷土愛的な曲も許容されるようになっている。また場合によっては、イスラーム法で禁止されているように思われる女性のソロについても許容されているのである。

権威主義体制と呼ばれることもある国家において、ある特定のジャンルが禁止されることは珍しくない。たとえばナチス政権下のドイツでは当初、ジャズが退廃音楽として禁止されてきたのだが、ジャズの大衆的な人気のために検閲は気まぐれに行われ、実際には存続していた［リーヴィー 二〇〇〇］。イスラーム共和国の場合にも、音楽についての基準はイスラーム法の解釈によって定められてきたのであるが、イスラームの原則自体の曖昧さによって、道具主義的な観点から大衆の人気とのバランスを鑑みて判断をずらしてきたといえるかもしれない。またイスラームの観点からも音楽を聴く実践自体は基本的には個人の領域にとどまるものであり、したがってテヘラン大学の女性社会学者の事例のように個人の判断で厳しい許容範囲の基準を自らに課す場合はあっても、その逆の場合には規制がされづらい。どれだけ国家によって禁止されている音楽であったとしても、リムーバブル・メディアやインターネットが発達している現在では事実上、それを享受することは非常に容易である。

国家による禁止の権力と人々の共同性は次のようにも捉えられる。人類学者の小田は、近代国民国家の権力に働く想像力を、全体と個を無媒介に結びつけようとするという意味で「提喩的想像」と呼び、個と個が局所的に結びつき、錯綜しながら成立していく共同性と対置させた［小田 一九九七］。イランにおけるホメイニー師の見解に基づく音楽の規制に働いているのは、全体としてのイスラームの規範とそれを個別に守ろうとする個人を結びつけようとするという意味で、提喩的想像である。

それに対して、人々がダンスにおいて場を共有することで立ち上げる共同性は、場を共有するという隣接性に基づくために（したがって、小田の言う換喩的想像に属するので）、提喩的関係を指向する国家と競合する。音楽に合わせた身体の動作であるところのダンスは共同的な営みであって、そこでは人々が同じ場を共有し、リズムと共鳴した身体動作を通じて共同性が立ち現れる。このような共同性は、前述した女性の社会学者の事例のように、国家による一望監視的に働く権力の裂け目を顕わにさせることがある。したがって国家はつねに、こうした提喩的関係とは異なる共同性には細心の注意を払い、馴致しようとする。それはセルトー［一九八七］のいう「戦略」である。その一方で、そこでは同時に、「戦術」と呼ばれるような、人々の側からの国家の規制をかいくぐる、創造的な実践が生まれる。次節では、ダンスの事例を通じてそのことを具体的に示していく。

## 3　革命以後のダンスをめぐる政治

イラン社会における音楽の規制とそれをめぐる攻防と同様の動きが、ダンスについても見出される。イランにおいて、ダンス（*raqs*）も長い歴史を持つ。イスラーム化する以前から非宗教的な式典における娯楽の手段として機能していた。そして、イスラーム化以後も王宮においても重宝されていた。ただし、ダンスは私的な空間では人気であったが、芸術の公的な形式として肯定的な評価を受けていたわけではなかった。ただし、モハンマド・レザー・パフラヴィーの治世（一九四一―一九七九年）になり、ダンスが芸術として認められるよう企てられ、ダンス協会やダンサーへのサポートが行われるようになると、公的な場所でも一般の市民によって娯楽としてダンスが行われたり、プロが見世物として上演したりするようになっていった［Mozafari 2013］。

ただしイスラームにおいては、ダンスは特別な場合を除いては禁じられている。『近代イランにおけるジェンダーとダンス』を著したアーイダー・メフタヒーによれば、中世イスラームの分類では、「知性や理性（*ʿaql*）」が天使に帰属させられていたのに対し、違法な「性的欲望（*shahvat*）」および「肉体的な欲望（*havā va havas*）」は「悪を誘発する自己」および動物的欲望と結びつけられていた。「性的欲望」に従うことで個人は動物と同列に置かれ、理性に従うことで人は天使の仲間になる。そこから導かれる道徳とは知恵によって「性的欲望」を統制することである［Meftahi 2016: 138］。現代のイスラームでも基本的にはこの議論を踏襲して、ダンスは理性とは反対の「性的欲望」に従うがために禁止される。

ハーメネイー師の見解では、男性のダンスは禁止であり、女性については条件が付いている。女性の場合の条件を述べる前に、イスラームにおける男女間関係のカテゴリを説明しておこう。イスラームでは、マフラム（*mahram*）／非マフラム（*nāmahram*）という区分がある［Haeri 1989］。マフラムとは結婚することが非合法となる関係（＝近親相姦の禁止）のことで、男性の視点から見れば、具体的には実の母親、祖母、娘や孫娘など自分の直系に属する女性、自分の姉妹、父母や娘息子の姉妹など、自分および自分の直系に属する人の姉妹は自動的にマフラムとなる。また、自分の配偶者の先祖や子孫に該当する女性および、自分の先祖や子孫の配偶者となった女性は法律上のマフラムになる。マフラムの女性と同じ空間にいるときに、女性にとってヘジャーブ（アラビア語ではヒジャーブ）の着用は義務ではない。逆に非マフラム、すなわち法的に結婚が可能である場合にはヘジャーブや隔離などの措置が取られる必要がある。[*46]

ハーメネイー師の見解では、女性が他の女性のために踊る場合についてもダンス目的の集会のように娯楽である場合には避けたほうがよいとされる。また、「性的欲望」を引き起こすものや腐敗をもたらすとされるもの、禁止された音楽を伴うものであれば、禁止される。さらに、性別規範の観点から、非マフラムの男性の前では禁止され、マフラムの男性でも、女性にとっての父や息子など血のつながった親族にあたる場合には禁止である。例外的に許容されるのが、マフラムのなかでも、女性が自分の夫のために踊る場合である。[*47] このような理由から、イスラーム革命以後のイランでは、ダンスは音楽と同様に、原則的に公的な場所では禁じられている。ただし、芸術としての舞台ダンスの一部はイスラーム共和国においては、「優美な運動（*harakat-e mowzūn*）」として、その公演が条件付きで許容されている［Meftahi 2016］。こうした規制も境界が厳密に定められているとは言えず、具体的な許可は現場の警察や会場の責任者に判断がゆだねられているために、音楽の場合と同様に曖昧さを残している。そこで、こうした規制の下で人々がどのようにダンスを実践しているかということに焦点をあてていく。

音楽を聴くときの場合と同様に、ダンスとみなされれば、当事者がダンスを意図していなくても取り締まられてしまうという事例がある。テヘランの中心部には、モッサッラーという集合礼拝をおこなうために作られた巨大なモスクがある。このモスクはしばしば、ブックフェアなど大きな催しのためにも使われることがある。二〇一八年の五月二六日に、このモスクである催しが開かれた。そこでは、耳の聞こえない女子学生たちが、男性の歌声を含む音楽に合わせながら、シーア派の第八代イマーム・レザーとラマザーン（アラビア語ではラマダーン）月についての手話を用いた上演を行った。[48] しかしプログラムの二番目が終わったところで、上演は中断させられた。その理由は彼女たちが行った動作が「ダンスに似ている」というものだった。このように、当人たちがダンスであるという意図を持っていなかったとしても、現場の責任者による、時には過剰ともみられる基準の適用によって、特定の身体動作が禁止された類の「ダンス」に該当するとみなされれば、取り締まられてしまうことがあるのだ。

先に言及したマフラムはあくまでも理念的な基準であって、それがどの程度順守されるのかということは、公権力との関係や、個別の信仰のあり方、共同体の社会規範などによって異なってくる。そのため、公権力や共同体の強制力の及ばない範囲では、個別の信念にしたがって、規制をかいくぐってダンスを実践する余地が生まれる。イラン地域研究者のパールミース・モザッファリーは、革命以後のイランでダンスが行われるパターンを次の三種類に分類している［Mozafari 2013］。すなわち①私的空間における公共、②国外の公共、③国内の公共的空間における私事である。①の私的空間における公共は、主に、室内で行われる家族の娯楽としてのダンスである。家で客を招いて行うパーティや結婚式場を借りて行う結婚式も含まれる。非マフラムの関係も含み、場合によってはヘジャーブの着用も順守されない。②の国外の公共は、九〇年代初頭から増えた現象で、近隣の外国（トルコやアラブ首長国連邦のドバイなど）に行き、在米イラン人系アーティストのコンサートに参加し、踊るというものだ。③国内の公共空間は、原則的には禁じられているはずの場所ではあるが、それを取り締まる当局の活動の範囲が及ばないために、事実上の私的な空間と同じように人々が踊ることが可能になるという場合だ。とりわけ、九〇年代後半のモハンマド・ハータミー政権下（一九九七―二〇〇五年）での政治改革に伴って社会のなかで自由な気風が広がるなかで、公共の場所においても、若い世代を中心に踊るという行為が増えてきたという。例として挙げられているのは、郊外や公園にピクニックに行った際に当局の監視の及ばないところで音楽を流して踊るというものだ［Mozafari 2013］。

①私的空間における公共に関して、筆者はいくつかの種類のホーム・パーティーに参加したことがある。一例をあ

げよう。筆者は二〇一九年にテヘラン北西部のサアダトアーバードという地区に住むある家庭での昼食「会(*mehmānī*)」に招待された。会には他に、招待した夫妻が以前マレーシアにいた際に知り合った友人夫妻とその子ども、夫妻の現在の職場の同僚、妻の妹などが招かれ、全部で二〇人ほどが集まった。筆者を含めて、参加者同士の関係は非マフラムを含んでいるために規範的にはヘジャーブが求められる。昼食を食べ、それぞれリビングで小グループに分かれて雑談をしたのち、ダンスの時間が始まった。一時間ほど、在米イラン系アーティストのポップ音楽や革命前のアップテンポの音楽が流れると、まず二、三人が部屋の真ん中で手や腰をくねらせながら踊り始めた。踊りの時間は一時間ほど続いた。筆者が少し疲れたために、踊らずに部屋の端の方にいると、主催者が見つけ出して踊るようにとせかされるのだった。また踊っていないときにも、手を叩くなど、何らかの形でその場で行われている出来事に参加している様子を見せないと注意され、参加するように促された。また、参加者の何人かはスマートフォンで踊りの様子を動画で撮影していた。イランでは週末に親族や友人を家での食事に招くことがしばしばある。そのなかでも、宗教的(*mazhabī*)とは呼ばれないような人々が主催の場合には、このような踊りの時間が設けられることがあるのだ。

また、③の国内の公共的空間における私事の例としては祝祭がある。チャハールシャンベ・スーリーはゾロアスター教に由来する行事であるが、イランでは国民の行事として親しまれている。年内最後の水曜日(チャハールシャンベ)の前夜に行われる。焚火を燃やし、それを飛び越えるという行事である。ただし近年では、若い人々を中心に広場に集まって花火に火をつけたり、爆竹を鳴らしたりするイベントとなっている。[*49] 筆者も二〇一五年のチャハールシャンベ・スーリーに、テヘラン北西部にあるシャフラケ・ガルブ地区を訪れた。そこでは、カーステレオから大音量で音楽を流し、そこに数十人が集まり、踊っている人々がいた。警察はそれを知れば取り締まらねばならず、現場へと向かう。警察が来るとなれば、踊っている人々はすぐさま移動するといった、イタチごっこの様相がある。モザッファリーが指摘するのは、こうした国民の祝祭についての規範が、イラン人の間で拡張される傾向があるという事実である［Mozafari 2013: 101］。それにより、本来私的な空間で行われる踊りが公の場に出現する瞬間がある。先述したように、ダンスは音楽の場合と同様にイスラームの原則に基づいて公共の場では禁止されている。しかし個人的な享受に留めておくことが可能な音楽の場合とは異なって、ダンスは共同的に行われるものであるため、全体と個の関係を指向する国家によって統制の対象となる。とはいえ、私的な空間では実践されており、さらには公的な場所でありながらも権力の及ばないところや、祝祭のときには黙認されるという状況があるのだ。

国家権力の及ばないところで踊りが社会的に広く具現化されていることを示す事例がある。二〇一七年に筆者は非イラン人の観光客と、西アーザルバーイジャーン州にあるタフテ・ソレイマーンという遺跡を訪れた。その帰りに、近くの街まで戻るための移動手段がなく困っていたが、偶然にも学校のクラスの遠足でそこを訪れていた女子中学生を乗せたバスに乗せてもらえることになった。バスの中では大きな音で流されたペルシア語の激しいリズムの音楽に合わせ、中学生たちが自分の席で立ちあがって叫んだり踊ったりしていた。途中、都市の間にある検問にバスが近づくと、中年の女性教員が立ち上がって皆に静かにするように言った。そして検問を抜けてしばらくすると再び音楽が大音量で流されるという一幕があった。このように、適切に振舞わなければならないところでのみ適切に振舞い、そうでないときには足を延ばして自由にやるという振る舞いはイラン社会のさまざまな場面で観られる。この事例のように、子どもの教育の場における音文化についても、そのように振舞うことが教員によって黙認されているということは興味深い*50。

これまで取り上げてきた事例から、ダンスについても音楽の場合と同様の構造が指摘できる。すなわち許容可能なダンスの範囲は、イスラームの言説的伝統のなかで規定されるとともに、それに従って国家によって物理的な規制も行われる。しかしその規制の基準は非常に曖昧であるとともに、権力の及ぶ範囲には限界があるために人々による実践の余地を残す。またダンスは共同的な実践であるために規制と人々の実践の対立が顕在化する。イランでは革命前からも続く娯楽としてのダンスが一部の人々の生活の間にも根づき、公権力の及ばないさまざまな場において実践されている。

こうした規制をかいくぐる人々の実践を民族誌的に描き出したことからいえるのは、国家と人々の間の緊張関係である。セルトー［一九八七］の「戦略」と「戦術」という対概念を使えば、音楽やダンスのもつ人を鼓舞する身体動作の力をめぐって、特定の宗教的な言説に依拠しながら人々を統制しようとする国家による「戦略」と、その規制が個別具体的に立ち現れるなかで、人々がいわば主体的に音楽やダンスを自らのものとしようとする「戦術」のせめぎ合いとして記述することができよう。この「戦術」とは必ずしも国家に対する抵抗となるわけではない。バランディエが「秩序への脅威をも逆に秩序を強めるための手段と化すところに狡知の極みがある」と評したように、厳しい規範と計算されたある程度の許容は統治の技法であるともいえるだろう［バランディエ 二〇〇〇：五一］。

ここまで取り上げたことをまとめると、次のようになる。まず音文化の是非についてはイスラームの言説的伝統の内部で議論があるが、現在のイランにおいては法学権威でもあるイランの最高指導者の見解に従って国家的な規制が課される。しかし許容される音楽の範囲は拡大している。特にダンスの場合には、個人で享受できる音楽の場合と異なって実践に共同性が見られるので、全体と個の「提喩的関係」を指向する国家を潜在的に脅かすものとなるがゆえに規制を課す。そして、こうした統制に対しては、人々による「戦術」ともいえるダンスの実践が観察される。これはいうならば、世俗的な領域における国家と人々の間の緊張関係だといえる。というのも、ここでは国家の規制をすり抜けようとする人々がイスラームの言説的伝統内部からそのようにしているわけではないからである。次節で取り上げるホセイン追悼儀礼の事例は、音文化の一部という点ではこれまで取り上げてきた事例と連続しているが、それ自体が宗教的な事例であるという点で対照をなす。

## 三　哀悼歌と胸叩き儀礼の境界

本節で事例として取り上げるのは、胸叩きの儀礼である。追悼集会はホセインの死を悲しむ人々の間で行われた儀礼で、そこで行われた胸や頭を叩く動作は、イスラームが登場する前からアラブ人の間で、悲しみの表現として行われていたとされている［Nakash 1993］。つまり歴史的に作法は変化しているだろうし、断絶もあったかもしれないが、追悼集会で胸叩きを行うこと自体はシーア派が確立したときからあったということができる。そして胸叩きの儀礼は、現在のイランでも広範に行われていると言っても過言ではない。

現代のイランで儀礼の開催単位であるヘイアトによって開かれる集会の基本的な流れは次のようになる。まずイスラーム法学者による説教が行われる。次にホセインの殉教譚を感情的に語るロウゼハーンによる殉教語りが行われる。このとき聴衆は涙を流す。その後、宗教的な歌である哀悼歌をマッダーフと呼ばれる歌い手が歌うのに合わせて参加者たちは胸を叩く。この節で取り上げるのは、この後半で行われる胸叩きの儀礼の様相である。

### 1　胸叩き儀礼と「新しい様式」

まず「胸叩き」の儀礼を行っているヘイアトの事例を取り上げたい。テヘランの中心部よりも南を東西に走るイマーム・ホメイニー通りの西側に古い住宅街（第一章で鎖叩きの儀礼で取り上げた地区と同じ）がある。通りに面した細い路地を入っていったところにMという名のヘイアトがある。[*51] ヘイアトMは基本的にはモハッラムの時期だけに活動を行っている。活動は胸叩きの集会の開催と食事の配布である。儀礼は男性だけで行われ、儀礼後に参加者およびその家族に配布される食事も男性のメンバーによって作られる。ヘイアトMは二〇〇四年に結成された。この地区ではイラン革命の前から結成されたヘイアトも珍しくなく、それらに比べると新しいヘイアトだといえる。このヘイアトの設立メンバーの一人の話によれば、もともと別のヘイアトの成員だったが、そこでの儀礼の仕方について意見の不一致があったので新しく作ったのだという。その大きな理由が、前章で取り上げた路上行進への嫌悪感であった。運営メンバーの一人でもある四〇代の男性は筆者によるインタビューのなかで次のように答えた。

行進のために外に出ることは罪であり、報われることはありません。室内の集会だけで哀悼を捧げるのが良いことです。なぜなら、外に出て道を占拠したり、他人に迷惑をかけたりしないからです。私たちのヘイアトのプログラムは夜の九時から一一時です。[イマーム・]ホセインはお祈りを行う人や善き行いをする人のために殉教しました。しかし一部のヘイアトはただ、路上行進をして鎖叩きをするだけです。彼らは礼拝すらも行っていないのです。

(テヘランにてインタビュー、二〇一七年一月三日)

まずこの語りから窺い知ることができるのは、追悼儀礼としての路上行進に対する嫌悪感の理由である。その一つとして、道を占拠しながら行うことが挙げられている。前章でも言及したように路上行進は車道で行う。ヘイアトが通過する間、車は停められ大渋滞が発生するのである。また、路上への廃棄物の排出も大きな社会問題となっている。プラスチック製のコップに入った紅茶や、容器に入った食事が配られ、その廃棄物が道路の端に設置されたゴミ箱の外にも捨てられていくのだ。こうしたことを考慮に入れると、ヘイアトMは儀礼を取り巻く社会への影響を考慮していることがわかる。そして、ヘイアトMが儀礼を行う時間は、夜の九時から二時間のみと比較的短い。このことから、夜にかけて長時間儀礼に参加することで家庭にも影響を及ぼし、また翌日の仕事についても悪い影響が出ることに配慮していることがわかる。また最後に、儀礼には参加しているけれども普段はイスラームの義務である礼拝も行っていないことを非難している。すなわち、ヘイアトMの方針が示しているのは、追悼儀礼を行うことは善いことであるが、それは他人に迷惑をかけてまで、あるいは日々の礼拝などのイスラームの基本的な義務に従うことなく実践することではないということである。このように、ヘイアトMは他の路上行進を行うヘイアトとは異なる倫理的指向の下で結成されている。

ヘイアトMではモハッラム月の一〇日間、正確にはモハッラム月一日の前夜から毎晩、胸叩きの儀礼が行われる。そして、アーシューラーの日中には儀礼が行われず、夜に最後の胸叩きの儀礼を行う（図2－1）。前述した語りにもあるように、時間は二一時から二三時までの二時間と比較的短い。場所は固定された場所がなく流動的だが、近年はメンバーの一人が住む集合住宅の駐車場スペースを借りて行われる。黒い布で装飾され、床には絨毯が敷かれている。儀礼の前には白い蛍光灯で照らされているが、儀礼が始まるときには照明が消される。薄暗い空間のなかで緑色の光を放つ蛍光灯がともされ、どこか妖しげな雰囲気を醸し出す。

二〇一七年に筆者が訪れたときに行われた胸叩きの集会の様子を描写しよう。集会は二一時に始まった。部屋はすでに暗くなっているがこの時点ではまだ人は数人といったところであった。暗い部屋の中で、マッダーフと呼ばれる男性がマイクを持って椅子の上に腰かけていた。また、マッダーフの横には身体の大きな世話人の男性がいた。儀礼における参加者の誘導は主にこの男性が行っていた。マイクは音響機器につながれ、声が反響するようになっていた。そしてマッダーフが参加者に向けて物語り始めた。モハッラム月の一から一〇日までは、それぞれの日にカルバラーの悲劇に関連する登場人物が割り当てられている。最初の三〇分ほどは、その人物にちなんだエピソードやモハッラム月における心の持ちようなどが語られる。筆者が数回観察した限りでは、マッダーフによる語りが始まるときに参加者はまだまばらであった。やがて、小綺麗なスーツを着て首から長いショールをかけた男性が入室してきてマッダーフが座っていたところに腰かけた。彼がホセインの殉教譚であるロウゼを朗誦するロウゼハーンである。ロウゼハ

**図2－1　ヘイアトMの胸叩きの儀礼**　テヘランにて筆者撮影（2017）

ーンがロウゼを感情的に語りだしてしばらくすると、聴衆は下を向いて「うっうっうっ……」と嘆きながら手で目を覆った。[*52] とはいえ皆が一様に振舞っているわけではなかった。父親に付き添って来ていた、三、四歳と思われる子どもはあっけらかんとした顔で周りを見渡していた。なかにはロウゼの最中にスマートフォンでメッセージをやりとりしている様子も見られた。参加者は必ずしもロウゼに聞き入っているというわけでもなかった。それはあたかも、その次に始まる胸叩きの時間を待ちわびているかのようにも見受けられた。すなわちホセインの殉教の語りという言説の内容よりも追悼の行為として意味づけられる身体動作のほうこそが重要であるように思えるのである。

　そのことは、人々の集まり方からも看取することができる。ロウゼが終わると、ヘイアトMのメインの儀礼、つまり胸叩きの儀礼が始まった。胸叩きが始まるころになると部屋の中も参加者が多くなってきた。この日は五〇人ほどだろうか。世話人の男性がマッダーフに対して横向きに二列で向かい合うように指示をした。マッダーフが哀悼歌を歌いはじめるとそれに合わせて座ったまま、皆が「ダッ、ダッ、ダッ……」と同じリズムで、右手で胸を叩き始めた。哀悼歌のなかで時折、参加者はマッダーフの唄った句を繰り返すことが要求される。そのときには世話人の男がフレーズをあらかじめ唱えることで、参加者は一斉に同じフレーズを繰り返すことができるようになっていた。哀悼歌の途中では、定期的にテンポが速くなったりゆっくりとなったりを繰り返した。参加者もそれに合わせて、立ち上がって激しく両手を使って手を胸に打ちつける場面もみられた。あるときには世話人の男性が、ボイスパーカッションのように「[ホ]セイン、[ホ]セイン……」と唱え始めた。なかにはシャツを脱ぎ捨て、上半身裸になって手を自らの胸に打ちつける者もいた。筆者も一緒に混じって胸叩きをすると、部屋の熱気もあり、汗が出てきた。密集して激しい動作による一体感を醸成するような哀悼歌と胸叩きの儀礼が一時間ほど続いた（図2-1）。最後にマッダーフが願かけを行った。参加者の健康の祈願を唱え、その最後に預言者とイマームを称える句であるサラヴァート（第一章参照）が皆で唱えられ、その後、照明が点けられ、食事が配られた。ソフレという細長いプラスチックのシートが敷かれ、それに向かい合うように座らせられ、それぞれに発泡スチロールの容器に入れられた食事が配られた。その場で食事をとる人もいれば、家に持ち帰って食べる人もいた。その場合は家族の分の食事も入り口で受け取っていた。

ヘイアトMの胸叩きのように「激しく感情的な（*shūr-e tond*）」集会の様式は、「新しい様式（*sabk-e jadīd*）」［Rahmani 1393］と呼ばれることがある。その特徴は、まず集会における胸叩きの比重が高いという点である。節の冒頭で言及したように、原則的にはまずはイスラーム法学者による説教が行われることになっているが、ヘイアトMの集会ではそれがない。また人々の態度からもロウゼハーンによるロウゼを聞くことよりもそのあとの胸叩き自体に重点が置かれているように思われた。そのことは、エコーなどの音響効果が使用され、激しい哀悼歌とそれに合わせた、「忘我的」とも形容できるような胸叩きが行われることからも裏付けられるだろう。さらに言えば、胸叩きはカルバラー・パラダイムの一部として言説と関連づけられているとされてきたものの、人々の間では、語られる言説の内容よりも身体実践のほうに重きが置かれていると読み取ることができよう。

このような胸叩きの様式は今でこそさまざまなところで行われている。しかし、その登場は、革命以後のイラン社会の変化と密接に関連している。イラン人の人類学者ジャバール・ラフマーニーによれば、「新しい様式」の創始者は一九九五年から一九九六年にかけて登場したナリーマーン・パナーヒーというマッダーフである。それまで、ホセイン追悼のための集会では、ロウゼやイスラーム法学者の説教がその中心であり、哀悼歌に合わせて胸を叩くのは副次的な催しであった。パナーヒーから始まった哀悼歌と激しい胸叩きがメインとなった集会は、一躍人々の間で人気となった。とはいえ一方で「新しい様式」の儀礼は、宗教的保守層や古参のマッダーフからは、型破りなものとして距離をおいて見られていた。さらに体制側の宗教的な層からの反発を生んだのは、自傷儀礼を禁じるハーメネイー師のファトワー（第四章）に対してパナーヒーが反対したことだった。その後、パナーヒー自身も表立っては取り上げられなくなり、彼を集会に招くヘイアトはなくなり、国営メディアでも取り上げられることはなくなった。しかしながら、人々の間でCDなどの媒体を通じて流通したことで、パナーヒーの「新しい様式」の哀悼歌が人々の間では次第に受け入れられていったのである［Rahmani 1393］。激しい胸叩きや、「［ホ］セイン、［ホ］セイン……」と唱えることについては、ハーメネイー師の興味深い見解がある。[*53] ホセイン追悼の集会は、人々がそこから学ぶ場であって、単に体力を消耗するような場ではあるべきではないと苦言を呈している。とはいえ、「新しい様式」は禁止されてはいないため、国家によって取り締まられる事態にはなっていない。このハーメネイー師の見解は、身体性よりも言説の内容を重視すべきであるが、身体性こそが人々に受け入れられている以上は黙認せざるをえないという苦渋の判断のように思える。

前節で取り上げた音楽やダンスをめぐる宗教的原則と人々の実践との間の緊張関係を考慮すると、胸叩き儀礼にも同様の緊張関係を指摘することができる。ただし追悼儀礼自体は基本的に推奨されるものであることから、イスラーム的な原則に基づけば音楽やダンスに近く、禁止とまではいかなくとも避けることが望ましいとされるような実践でありながらも、一方で人々の支持があり、ホセイン追悼儀礼への参加者を増やすことにつながるという理由で許容されているのである。

## 2 大規模な胸叩き集会

さらなる比較の事例として大規模な胸叩きの集会を取り上げたい。テヘランの北部に位置し、地下鉄の一番線の北の終着駅もあるタジュリーシュには、エマームザーデ・サーレフという聖者廟があり多くの人が参詣に訪れる。聖者廟にはバーザールも隣接し、繁華街にもなっている。タジュリーシュから東に二キロほどの所に、チーザルという地区がある。ここにはエマームザーデ・アリーアクバルという聖者廟がある。外壁に囲まれたこの聖者廟の建物の外側には、殉教者（*shahīd*）として奉られる（第三章参照）、イラン・イラク戦争で戦死した人々の墓地がある。この聖者廟は、「ラーヤ・ル＝アッバース（*rāya al-ʿabbās*）」という名のヘイアトが運営するホセイニーイェ（儀礼のための建物）でもある。「ラーヤ・ル＝アッバース」は年間を通して宗教儀礼を運営している（**図2－2**）。ここで行われる儀礼は非常に大規模で、ヘイアトのメンバーは、見知った間柄の人たちのためではなく、多くの人々が参加できるように儀礼の企画、運営に携わる。国営放送で中継されたりバスィージが運営に携わっていたりする点から、ここでの儀礼は住宅街の地区で行われるホセイン追悼儀礼よりも国家による介入度が高く、公共的な性質を帯びているといえる。

モハッラムの時期には特に多くの人が参加するため、会場が拡張される。聖者廟の敷地全体が黒い布で覆われ、墓地の部分にも絨毯が敷かれており、人々がそこで儀礼を行うことができるようになっている。[*54] 黒い布で覆われた一画の入り口では、バスィージによって厳しいセキュリティ検査が行われる。大きい荷物持ち込みは制限され、設置された荷物預かり所に預けるように言われる。敷地の外には大型ディスプレイが設置され、中で行われる儀礼の様子が映

**図2－2　チーザルの聖者廟で行われた大規模な胸叩き儀礼**　テヘランにて筆者撮影（2017）

し出されるようになっている。ここでは黒いチャードルで身をまとった女性たちも敷地の外に敷かれた絨毯の上で胸叩きの儀礼を行っていた。

「ラーヤ・ル＝アッバース」が主催する胸叩きの集会は、ヘイアトMのように居住区で行われる集会とは異なっている。小規模なヘイアトが行う集会は、宗教儀礼を行うということも重要ではあるが、第一章で言及したように、職業組合や居住地区、出身地別の人々が集まり交流するという目的も兼ねている。一方で、「ラーヤ・ル＝アッバース」が主催する胸叩きの集会では、テヘランのさまざまなところから集会に参加するために集まり、一般の参加者同士の深い交流はほとんど見られない。「ラーヤ・ル＝アッバース」の主催する集会に参加する理由は、マフムード・キャリーミーをはじめとした有名なマッダーフが哀悼歌を歌うという点にある。マフムード・キャリーミーは、最高指導者の官邸（*beyt-e rahbari*）で開かれる高位聖職者や政府要職者のための集会においてもマッダーフを務めていることからわかるように、体制と良好な関係を築いてもいる。このことは、体制の側もまた大衆的な人気を自らの権威づけに活用しようとする動きとしても見ることができるだろう。

マッダーフが有名であることもさることながら、大規模な集団が一斉に胸叩きを行うというのも多くの人々を惹きつける重要な要素である。二〇一七年に筆者が集会を訪れたときの様子を描写しよう。集会は一六時に開場し儀礼が終了したのは一九時半だった。ただしマフムード・キャリーミーが歌い終わると、参加者の三分の一ほどが退出していった。聖者廟の建物の中は、薄暗く赤い光で照らされていた。そして、建物の奥の所でマッダーフが歌っていたのだが、人がすでに満員でそこまで行くことはできなかった。その代わりに、先述したとおりマッダーフを直接見ることができないところでも大型のディスプレイとスピーカーが置かれ、マッダーフが歌う様子を映し出していた。また外には女性のための区画もあり、チャードルを着た女性たちが胸を叩いていた。これは住宅街で行われるような、いわばローカルな儀礼の多くにおいて、女性は見物に留まったり、場合によっては女性が立ち入れない場所で男性だけで儀礼が行われたりすることを考慮に入れるならば、興味深いことでもある。この事例が示しているのは、地域に根づいた儀礼よりも、体制の介入度が高い儀礼のほうが「男女平等」でありうるということである。参加者たちは多くが黒い服を着て、そして密集した状態でマッダーフに耳を傾けていた。マッダーフが悲劇的なシーンを語るときには、自身も嗚咽を漏らし、参加者も悲嘆の声を上げて頭を叩いていた。そして哀悼歌が始まると胸を叩き始めた。その様子は、小規模なヘイアトでの儀礼と比べれば、いっそう全体として統制されているといえる。大人数で同時に胸を叩く音が響き渡る場面に居合わせると、小規模な集会のときとは異なる類の一体感を感じさせるものとなっている。

こうした大規模な胸叩き集会で有名なマッダーフが歌う哀悼歌は新曲であることが多く、録音されCDや音楽データとして販売される。人々はそれを入手し、その哀悼歌を自身のヘイアトで行われる胸叩きの集会で歌うこともある。また哀悼歌の音源ファイルはUSBメモリーに入れられ、特にモハッラムの時期になるとタクシーの中で流されることがある。このように哀悼歌が音楽と同じように受容されているのを踏まえると、有名なマッダーフが歌う胸叩きの集会は、音楽のライブ集会とも類比的である。音楽のライブ集会に、好きなミュージシャンの音楽を生で聞き、そして同じ目的で集まったファンとの一体感を通じてカタルシスを得る機能があるとするならば、有名なマッダーフの歌う大規模な胸叩き集会も機能的に等価であるといえるだろう。しかしながら、そこには宗教的であるか否かという違いがある。それでは、哀悼歌と音楽はどのように区別されるのであろうか。

## 3　ポピュラー音楽と哀悼歌の連続性

哀悼歌を意味するノウヘ（*nowhe*）は、アラビア語の「*nawha*」に由来する語で、「悲しみの表現」、「歌に合わせて泣くこと」、そしてとくにシーア派の文脈では「哀悼歌」を意味する。同義語として、「*marsiye*」も用いられることがある。これらは第二節でみてきたように、快楽や興奮をもたらすギナーには該当しないとされ、イスラームのなかで許容されてきた音楽に分類される。哀悼歌の歌い手はマッダーフと呼ばれる。イランでは基本的にマッダーフには誰でもなることができるが、ヘイアトが政府機関に登録する際には（第一章）、「マッダーフ協会（*kānūn-e maddāhān*）」に登録されたマッダーフをヘイアトのマッダーフとして記入する必要がある。

それではマッダーフに関するイスラーム的な基準は何であろうか。イランの最高指導者であるハーメネイー師によれば、嘘をつかないこと、そして誇張しないことがマッダーフには求められる。[*55] マッダーフは追悼集会においてイマーム・ホセインをはじめとしシーア派の重要な人物について物語る。「嘘をつかない」や「誇張しない」とは、そのときに、人物の英雄的特徴を示すために非現実的な描写をすることを慎まなければならないということである。またヤズィードをはじめとしたシーア派の敵について語る際にも汚い言葉や罵倒語を使ってはならない。さらに宗教教育を受けたことがある人が望ましいとされている。[*56] このように、マッダーフが登録制となっていたり、法学権威によって推奨される基準が定められていたりすることが意味するのは、国家や宗教が儀礼で人々の身体を導くマッダーフの言説を管理下に置こうとしているということである。これは、ダンスが身体動作を通じて共同性を立ち上げていくことを国家が規制する動きと、軌を一にしている。

女性のマッダーフについては事情が異なる。ハーメネイー師は、非マフラムの女性による哀悼歌や泣き声やうめき声を聞くことについて問題はあるか、という質問について次のように答えている。もし、非マフラムの注意を引いたり、非マフラムとの堕落と関係したりするのであれば問題だが、その水準に達しないのであれば問題はない。とはいえ、女性による泣き声やうめき声を非マフラムの男性が聞くのは推奨されないとの見解を示している。[*57] そのためイランでは女性のマッダーフは主に女性だけが集まる集会で歌っている。[*58]

路上行進や胸叩きの集会で用いられる哀悼歌の旋律にはしばしば、ポピュラー音楽から模倣（*taqlīd*）されたものがある。そのなかでも筆者がしばしば耳にしたのが、「時代の醜聞（*rosvā-ye zamāne*）」という曲と同じ旋律の哀悼歌だった。たとえば二〇一七年のアーシューラーの昼間に筆者の居住地域で行われていた路上行進や、二〇一八年のアーシューラーの夜にテヘランの大バーザール近くにある、アーザリーの人々のためのホセイニーイェ（儀礼用の施設）での儀礼（第四章参照）のなかで「時代の醜聞」と同じ旋律の哀悼歌が歌われているのを筆者は確認している。[*59]「時代の醜聞」という曲はイスラーム革命以前に、作曲家のホマーユーン・ホッラム（一九三〇―二〇一三年）が作曲し、エラーへという女性歌手によって最初に歌われた。その後も、女性歌手のシャキーラーをはじめ、男女を問わず歌手によってカバーされ親しまれてきた。また、革命後にも二〇〇九年にイラン国内で活動する歌手アリーレーザー・ゴルバーニーによってカバーされたCDが発売されている。[*60] しかし、この曲はテレビやラジオなどで流されることはなく、規制をかいくぐって私的な領域で人々の間で享受され親しまれてきたのである。他にも、通常公的な場では流すことが許されないジャンルのポピュラー音楽、なかには在米の亡命イラン人による「ダンス音楽」の旋律が流用されることもある［Rahmani 1393: 164］。マッダーフは、時にはポピュラー音楽の旋律に、イマーム・ホセインの殉教に関連した歌詞をつけて哀悼歌を作成してホセイン追悼儀礼のなかで歌う。

こうした事例は興味深い事実を示している。前節でみてきたように、音楽はそれ自体でイスラーム的に許容されるのかどうかが個別に判断されてきた。ただし、それは物理的な音程の連続とそれに合わせた身体的な動作を基準として決まるのではない。音楽として公的な場所で流すことは違法となる曲であっても、その旋律に哀悼歌の歌詞が付けられることで宗教的に許容されるものとなる場合があるのだ。哀悼歌はイラン社会における音文化、すなわち音楽やそれに伴った身体動作と密接に関連している。宗教的に人々を導き、シーア派的な感性を涵養することを目的とする哀悼歌やそれに伴う身体動作は、その目的のために有用であれば人々を鼓舞する音楽やダンスがもつ力を一部活用するのである。イスラーム共和国というイスラームの言説的伝統と国家の統治を重ね合わせる試みにおいて、音文化をめぐる政治は宗教儀礼のなかにも入り込んでいき、儀礼もまた変化していくのである。

## 四　儀礼の拡張

第二節ではイスラーム共和国における音文化をめぐる政治を概観し、第三節ではそれを踏まえて哀悼歌と胸叩き儀礼をめぐる政治を検討してきた。本節ではそれぞれの節の内容を簡潔にまとめた上で、次章以降の章の内容ともつながる理論的な含意を示したい。

イラン社会では近代化以前から音楽やダンスの伝統があったが、パフラヴィー朝下では西洋音楽の影響もあった。イスラーム革命によって成立した体制は、そこに「イスラーム的なもの」とそうでないものとの間に区分を入れ、少なくとも公共的な場で権力の及ぶ範囲において後者を禁止した。しかしながら音楽については、許容されていない音楽であっても個人的に享受されているとともに、許容される基準そのものが曖昧であるために解釈をめぐる駆け引きが生じている。さらに、「宗教を促進する」、「イスラーム共和国体制の維持に貢献する」という解釈が行われることで、許容される範囲の拡張が起こっている。またダンスについても、公的な場では国家によって直接的に統制されているが、権力が及ばない範囲では、人々による踊りの実践がある。これはセルトーの「戦術」として記述できる。人々によるこの「戦術」は必ずしも国家を転覆させるほどの抵抗となるわけではない。イスラーム共和国体制の場合には、シーア派のイスラーム共同体を護るという政治的な大目的があり、そのためには現体制を維持することも重要である。許容される音楽の拡大は、そうした目的のための計算された統治の技法だといえるかもしれない。

ホセイン追悼儀礼の一環として行われる胸叩き儀礼は、音文化をめぐるこのような政治との連続にありながら、より複雑な様相を示している。「新しい様式」として登場した胸叩き儀礼はマッダーフが歌う哀悼歌とそれに合わせた激しい胸叩きがその人気の理由であった。この新たに登場した儀礼は当初、宗教的保守層からは快く思われなかったが、人々によって受け入れられていくことで、イスラームを振興するという観点から許容されてきたようにみえる。これはイスラームの言説的伝統の内部における法学権威と一般信徒との間での音文化の許容範囲をめぐる緊張関係を示している。また、最後にとりあげたポピュラー音楽の哀悼歌化という事例が示しているのは、個人的には享受されているものの公的な領域で流すことが許されていない音楽の旋律に哀悼歌としての詞が付けられることで、ポピュラー音楽が宗教的な文脈へと移され、形を変えて公にも許容される宗教儀礼となりうるという事実である。イスラーム共和国においては、国家が宗教儀礼を振興していくなかで、音文化のイスラーム的妥当性をめぐる政治が宗教儀礼のうちにも入り込んでいるのである。

本章の随所で指摘してきたように、全体と個を無媒介につなげることによる統治を指向する国家にとって、ダンスや宗教儀礼を通じて立ち現れる共同性は、「戦術」が繰り出される場であり、国家の統制を阻害しうる潜在的な危険をはらんでいる。それに対して国家は、自らの権力を通じて人々の身体動作を管理しようとしているのである。第三章で取り上げる巡礼の事例では、宗教儀礼の一つでもある巡礼が、セルトー的な意味で国家による統制をすり抜けうると同時に、国民国家の外縁とは異なるシーア派ムスリムの共同性を立ち上げ、巡礼という儀礼を用いて人々を統制しようとする国家の意図を超えていくことを示す。

また、音文化の規制やマッダーフの国家による管理の事例を通じて指摘してきたように、「戦術」が繰り出されうる共同性は、身体動作によって立ち現れる。そのため、予測不可能な人々の身体を、国家は言説によって統制しようとしているのだといえる。第四章では、このように統制を逃れようとする身体動作が最も過剰になるといえる自傷儀礼の事例を取り上げる。

2018 年イラクのナジャフにて。ホセインの聖廟のあるカルバラーに向けて徒歩で向かう

# 第三章　国家と宗教が交錯するカルバラー巡礼

## 一　再開された儀礼

本章では、現在行われているカルバラー巡礼について、序論で取り上げたカルバラー・パラダイムに内在する二つの観点、すなわち言説的伝統と道具主義から説明を試みる。そして現象自体がどちらか一方の説明には完全に還元することができず、二つの説明の間の緊張関係としてのみ捉えられるということを示す。

シーア派の儀礼の一つである、イマーム・ホセインの聖廟への巡礼（第一章参照）が、近年ではイランにおいても国を挙げた一大行事として行われるようになっている。ヒジュラ暦のサファル月（二月）二〇日、すなわちシーア派第三代イマームであるホセインの殉教日（モハッラム月一〇日、アーシューラー）から四〇日目（アルバイーン）になると、ホセインの聖廟があるイラクのカルバラーには、イラク国内のシーア派信徒を含め、さまざまな国から総計二〇〇〇万人もの人々が巡礼のために訪れるとされる［Sim 2016］。イランからも多くの巡礼者が国境を越えて巡礼地へと向かう。またそこで、多くの巡礼者はナジャフからカルバラーまでの約八〇キロの道のりを数日かけて徒歩（*piyāde-ravī*）で向かうことが推奨されている。

カルバラー巡礼の位置づけについては二通りの見方ができる。序論で議論したように、一方には、フィッシャーが言うカルバラー・パラダイム［Fischer 2003］を言説的伝統として解釈することで、パラダイムの内側に生きている人々によって切望され実践される儀礼としての巡礼という見方がある。こうした見方からすれば、パラダイムの内部を生きる信徒たちがいかに巡礼を切望していたのか、またその願いが国家や宗教界をどのように動かして、近年のカルバラー巡礼を実現させるに至らしめたのかという問いが導かれる。他方には、カルバラー・パラダイムとは独立した近代国家の利害関心を想定し、パラダイムはその従属物であるとする道具主義的な見方がある。この見方からすれば、宗教的な象徴が国民を統治するという目的のためにどのように用いられていくのかという問いが導かれることとなる［e.g. Khosravi 2008 ; Siamdoust 2017］。

筆者は、テヘラン大学に在学中だった二〇一五年頃からアルバイーンの時期にカルバラーに巡礼に行ってきたという何人かの学生を目にし、話を聞く機会を得た。また二〇一八年にはイラクへの巡礼ビザを取得し、イランからバスラ、ナジャフ、カルバラー、バグダードを訪れ、アルバイーンの巡礼を参与観察する機会を得た。本章では、関連文献の他、筆者がイラン滞在中に得た資料、データやイラクへの巡礼への参与観察を通じたデータも用いる。

次節以降ではまず、シーア派の教義としてのカルバラー巡礼とその歴史的過程を概観する。そして、現在行われているカルバラーへの徒歩巡礼について、カルバラー・パラダイムの内部を生きている人々に担われている実践として記述する。さらに、国家もパラダイムの内側で人々の要求に従って、人々に奉仕している側面を取り上げる。そして次に、国家が道具主義的な観点からカルバラー巡礼を用いて人々を動員させている側面を検討する。最後に、宗教的な共同体の外縁が国民国家の領域的な外縁を超えるという観点からカルバラー巡礼そのものが、それを利用しようとする国家の想定には収まらないことについて論じたい。

## 二　カルバラー巡礼の歴史的概要

### 1　教義としての巡礼

まずは現在行われているカルバラーの巡礼を、シーア派のイスラームの言説的伝統のなかに位置づけてみよう。スンナ派とシーア派に共通の宗教的義務として、現在はサウジアラビアにあるマッカのカアバへの巡礼（*Ar., hajj*）がある。巡礼月には世界中から二〇〇万人もの巡礼者がマッカを訪れる。一方でこうした巡礼とは別に、時に参詣とも訳されることの多い実践（Ar., *Ziyāra*; Per., *ziyārat*）も各地で行われてきた。参詣の原義は「訪ねること（visitation）」であり、具体的には、血縁者、友人、師、聖者などの墓を、個人ないし集団で参詣することを指す［大稔 一九九三］。ただし本章では、引用例などの特別な必要のない限り、両者を区別せずに巡礼として議論を進めていく。

一二イマーム・シーア派の教義において、イマームやイマームの子孫（イマームザーデ）の墓地を聖所として巡礼することが推奨されている［吉田 二〇〇四］。現在のイラクの領土内には初代イマームであるアリーの聖廟がナジャフに、第三代イマームのホセインとホセインの義理の兄弟のアッバースの聖廟がカルバラーに、第一〇代アリー・ハーディーと第一一代イマームのハサン・アスキャリーの聖廟がサーマッラーに、第七代イマームのムーサー・カーゼムと第九代イマームのモハンマド・ジャヴァードの聖廟がバグダード北部のカーゼマイン地区にある。これらのイラクにある複数の聖廟は総称して、アタバートと呼ばれ、イランから巡礼に赴く際には、可能であればすべてを訪れることが望ましいとされてきた。とはいえ人々の関心のなかで、イマーム・ホセインの人気は圧倒的であり、現在組織されているアルバイーン巡礼の主要な目的は、カルバラーのホセイン廟を訪れることである。*61

シーア派におけるカルバラーへの巡礼の起源は、ホセインの殉教の直後にまでさかのぼる。守川［2007］によれば、巡礼はサファル月二〇日（カルバラーの悲劇から四〇日後なのでアルバイーンという）にジャービル・アブドッラーという人物がマディーナからカルバラーに向かい、墓を訪れたことに由来する。また別の資料では、ホセインの陣営の捕虜たちがダマスカスから、ホセインが居を構えていたマディーナに戻る途中、カルバラーのホセインの墓を訪れたことに基づくという*62［Hussain 2005］。いずれにしても伝承では、ホセインの死の直後に巡礼の原型が行われたとされている。九世紀ごろまでにはアーシューラーやアルバイーンの日にホセインの墓を訪れることが推奨されるようになっていった。慣習化の初期の試みは、第六代イマームのジャアファル・サーデグの時になされた。カルバラーの土壌には神の恵みがあるとされ、カルバラーの墓廟を巡礼することの功徳が説かれた*63［Nakash 1993: 167］。さらにシーア派ではホセインの他にもイマームの墓を巡礼することが推奨されるようになった。

ナカシュは、巡礼という儀礼のもつ本質的な機能として次の二つを挙げている。すなわち①預言者ムハンマドの死後に、イスラーム共同体の指導者としてのイマームの権威を承認するということ、および、②シーア派信徒とイマームとの間のつながりと理解を維持することであり、イマームは復活の日に信徒に代わって神と仲裁できることである。ただし、これらは第八代イマームによっても言及されており、したがって機能主義的な説明自体も言説的伝統の一部となっているといえよう。さらにナカシュは、スンナ派とは異なった形でシーア派の集合的な記憶や集団のアイデンティティを保持するという副次的な機能も挙げている［Nakash 1995］。この説明自体は機能主義的、すなわち外在的ではあるが、後で言及するように、体制に近い宗教的な言説でも徒歩巡礼の目的として明確に述べられている。

## 2　かつてのカルバラー巡礼とイラン

イランにおいて人々がシーア派に改悛していったのはサファヴィー朝期（一五〇一―一七二二年）である。この時代におけるアタバートへの巡礼は、マッカ巡礼を兼ねていた。また、巡礼を行う階層は商人やウラマーや学生などの一部の人々だけに限られていた［守川 二〇〇七：四〇〇―四〇一］。守川によれば、サファヴィー朝成立以後一世紀を経て編纂された『アッバース大全』ではイマーム廟への巡礼にハディースが列挙されている。一〇世紀から一一世紀に編纂されたシーア派ハディース集ではマッカ巡礼のハディースがイマーム廟巡礼に関するハディースよりも多いのに対し、サファヴィー朝末期のシーア派のハディースの集大成『光の大洋』においては、その比率が逆転している。このことからサファヴィー朝期には、墓巡礼の法的根拠が提示されたのちに、慣行が定着していったと守川は推測している［守川 二〇〇七：二三―二四］。

一七三〇年代前半から一七四〇年代にはアフシャール朝（一七三六―一七九六年）のナーデル・シャーがイラクを

二度にわたり侵攻し、オスマン帝国と平和条約を結んだ。この条約によって、イランからカルバラーやナジャフに巡礼者が行くことが容易になった［Nakash 1994: 167］。一九世紀半ばには、ガージャール朝（一七九六―一九二五年）のイランとオスマン帝国との間の第二次エルズルム条約（一八四七年）によって両国の関係が良好になると巡礼者が増加した。その期間中、政治的な理由や、疫病の蔓延、治安の悪化などにより、一時的に巡礼が禁止されたり渡航を自粛したりといったことをはさみながらも、年間で少なくとも五万人、多めに見積もられた資料では二〇万人が訪れた年もあった［守川 二〇〇七：五三］。[*64] 実際、一八七五年にイラクで編集された報告書には年間一〇万人の巡礼者がイランから訪れていることが記録されている［Nakash 1994: 165］。

二〇世紀になると、イランからイラクへの巡礼者数は、イランとイラクのそれぞれの政治体制や両国間の関係に大きく影響されるようになる。第一次世界大戦期（一九一四―一九一八年）には巡礼者の数が大きく減り、それに伴ってナジャフやカルバラーの経済は不況となった。世界大戦の前にはイラクへの外国人巡礼者の九〇パーセント近くがイランからの巡礼者であった。しかし、イランから国境を超える巡礼者の数は大きく減った。[*65] 一九二三年にはガージャール朝末期のアフマド・シャー政府がイラクへの渡航を禁止した。また、一九二七年からはイランにおいて、世俗化を目指すパフラヴィー朝（一九二五―一九七九年）のレザー・シャーが巡礼を妨害するためにあらゆる手段を尽くした。こうしたなかで、イランからイラクへの巡礼は困難なものになっていき、こうした状況は三〇年代から五〇年代まで続いた［Nakash 1994: 167–171］。ただしこのとき、巡礼の人数以外にも重要な変化が生じた。鉄道の登場により、巡礼の在り方そのものが、それ以前と比べて大きく変容したのである。イラク国内で鉄道が整備され、それによって以前に巡礼を行っていた層よりも貧しい層が巡礼に行くことができるようになった。同時に、巡礼者がナジャフやカルバラーなどの都市に滞在する期間も短くなっていった［Nakash 1994: 168–169］。

## 3　中断、そして再開へ

イランからイラクの聖地への巡礼者が減少していた間にも、イラク人のシーア派信徒たちは巡礼を行っていた。しかし一九七九年の革命によってイスラーム共和国となったイランがイラク国内に及ぼす政治的影響を警戒したサッダーム・フセイン大統領は、巡礼のみならず人々がシーア派の宗教儀礼を公的な場所で行うことを禁じた。[*66] また一方でイランにおいて、カルバラー巡礼自体は政府から阻害されるものではなく、むしろ推奨されてしかるべきものとなる。しかしながら、イランとイラクとの敵対的な関係のせいで巡礼は不可能な時代が続く。一九八〇年から一九八八年まではでは、イラン・イラク戦争により、イランからイラクへの巡礼は禁止された［Nakash 1994: 173］。このように、イラン、イラク両国ともにシーア派信徒がいたにもかかわらず、両者それぞれの政治的な思惑や両国の敵対的な関係によって、信徒たちはカルバラーへの巡礼を実際に行うことが不可能な期間が続いていたのである。

カルバラーをめぐる状況が変わったのは、二〇〇三年の米軍によるイラク侵攻であった。一九七九年からイラクの大統領であったサッダーム・フセイン政権が崩壊し、二〇〇六年には新憲法に基づく正式政府が発足した。[*67] これにより、まずイラクのシーア派信徒によってカルバラー巡礼の実践が再開されるようになっていった。この間、イラクの国境管理の弱体化に伴って、イランから密入国によって巡礼を決行する者が現れた。[*68] たとえばエスファハーン近郊のナジャファーバードに住む三〇代後半の男性の例を挙げよう。彼が筆者に語ったのは、二〇〇七年に公式の検問を通過せずに国境を越えてカルバラーまで行った体験であった。[*69] 当時高校生だった彼は級友たちとともに、ケルマーンシャー州から山を越えてイラクへと入国した。そして安宿に泊まりながらカルバラーまで行き巡礼を行ったのだという。しかしながら、こうした事例は例外的であり、またどれくらいの人が実際にこのような手段で巡礼を行ったのかは明らかではない。イランの多くのシーア派の信徒にとって、カルバラーとは毎年行われるホセイン追悼儀礼を通じて——たとえば、第二章で取り上げた哀悼歌のなかで——言及され、また可能であれば訪れることが推奨される場所でありながら、実際に訪れることが叶わない場所だったのである。その代わりとしてイランでは、アルバイーンの日に国内の徒歩巡礼が行われるようになっていった。カルバラーへの徒歩巡礼を模して、マシュハドの聖廟やテヘラン南部のレイにある聖廟へと徒歩巡礼を行うのである。こうした催しにおいても、後で述べるようなナジャフからカルバラーへの徒歩巡礼のように、徒歩経路にそって紅茶やお菓子を無料で提供する屋台がつくられている。また、イランの国外でもシーア派巡礼地の開発が進められた。一九九〇年代からは、シリアにおいてシーア派巡礼地の開発が進み、二〇一一年まで毎年数十万人ものイラン人がシリアのダマスカスにあるゼイナブの聖廟などのシーア派聖者廟に巡礼していた［Szanto 2014; Adelkhah 2015; 安田 二〇一六］。しかし、二〇一一年にシリアでも「アラブの春」が起こり、内戦に移行していった。それに伴って、シリアに向かう参詣者の数は減っていった。それとすれ違うようにイラクの治安が回復していき、イランからイラクへ向かう参詣者の数が増えていくようになったともいえる。

イラクでは、シーア派聖地への巡礼が再開されて以降、アルバイーンの徒歩巡礼は次第に大規模に組織されたものとなり、イランからも巡礼のために合法的に国境を超えてカルバラーを訪れることができるようになった。しかし、そこでは治安が問題となっていた。二〇一一年にオバマ政権が米軍をイラクから完全撤退させると、イラク国内ではスンナ派の武装組織によるシーア派を狙ったテロが各地で生じるようになっていった。たとえば二〇一一年と二〇一二年には、ともにアルバイーンの日に複数の都市で数十名の巡礼者が爆弾テロで命を失う事件が起きている。[*70] 巡礼はテロに遭遇する危険も考慮しなければならない行為であった。

こうして、アルバイーンの時期にイランから大勢の人々がカルバラーへと向かうことが確立したのは、二〇一四年であった。二〇一三年にはイランにおいてアルバイーン実行本部が設立された。[*71] これは、文化・イスラーム指導省に従属した独立行政機構である、ハッジを含む対外的な巡礼にかかわる事柄を扱う「ハッジおよび巡礼機構」の長を中心に組織されている。当該実行本部の目的は、国境の両側での巡礼者の滞在場所や交通を整備することであり、その

表3−1　イランからカルバラーへの巡礼者数推移[*73]

| 年 | 2011 | 2012 | 2013 | 2014 | 2015 | 2016 | 2017 | 2018 | 2019 |
|---|---|---|---|---|---|---|---|---|---|
| 人数（千人） | 50 | 240 | 480 | 1,500 | 1,600 | 2,050 | 2,320 | 2,346 | 3,461 |

ために最高指導者に直属した準軍事組織である、革命防衛隊と、その傘下にある人民動員部隊であるバスィージ（第二章参照）の一部が協力している。後述するように、国家が中心となってカルバラー巡礼の振興が図られたのである。しかし当初、一般の人々にその情報が十分に行き渡っていなかったために徒歩巡礼の参加者は意図されていたほど多くはならなかった。[*72]そこで翌年の二〇一四年にはより多くの人々の参加を促すため、巡礼への行き方や作法などを周知することを目的として文化本部も設立され、イランの内外を問わずアルバイーンの徒歩巡礼を呼びかける宣伝活動を行った。ここで国家が関与した経緯については後の節で詳しく論じる。このようにして二〇一四年には前年の三倍以上の人々が参加するようになり、その後も年々参加者は増加している（**表3−1**）。

## 三　現在の巡礼路と宗教的共同体の形成

前節では、シーア派の教義としてのカルバラー巡礼が行われてきた歴史的過程を概観してきた。この節ではカルバラー巡礼をカルバラー・パラダイムの内部にある活動として位置づけながら、現在行われている巡礼のありようを記述していきたい。当然のことながらカルバラー巡礼はイランの領土の外であるイラクにおいて催されるものである。このように国家の外で行われるという事実は国家の外縁を超えたシーア派としての共同性を醸成する。それは国境によって区切られた領域国民国家とのずれを顕在化させる。

## 1　国家の領域外の巡礼

現在、イランからカルバラー巡礼に行くルートは、大きく空路と陸路に分けられる。空路の場合、イランの空港からバグダードやナジャフの空港に飛行機で行き、そこからカルバラーへと向かうことになる。イランから陸路で行く場合、現在主に用いられている国境は①イーラーム州のメフラーン、②フーゼスターン州のシャラムチェ、③フーゼスターン州のチャザーベ、④ケルマーンシャー州のホスラヴィー、の四か所である（図3－1）。首都テヘランから最も近いのはホスラヴィーで約七〇〇キロメートルの距離がある。アルバイーンの時期には、イランからバスのままナジャフやカルバラーなどの巡礼地に向かう場合もあれば、国境からはイラクの交通手段を使って行く場合がある。国境には、近くの街や直接ナジャフやカルバラーに向かう乗り合いのシャトルバスや大型ヴァン（箱型の貨物車）、あるいは乗用車に乗って行くことができる。これらはイラク人が巡礼者のために無料で提供することもあれば、有料のものもある。

イラン人にとって巡礼地であるカルバラーは国外にあるため、訪れるためにはビザを取得する必要がある。イラクのビザについては状況が流動的である。ただし、二〇一四年にはイラン人はイラクのビザを取得する必要がなかった。当時、二〇代でテヘラン大学の学生だったハーシェムは、二〇一四年にビザを取得せずにナジャフとカルバラーを訪れた自身の体験について次のように語った。

この年はビザもパスポートもなしに国境が解放され巡礼に行くことができた。テヘランから南ターミナル（*terminār-e jonūb*）へ向かいアフヴァーズ行きのバスを探した。しかし空席のあるバスはすでになかった。ターミナルの入り口の前に立っていると、アフヴァーズまで車で行くという人に声をかけられ同乗するように誘われた。そこで、同じようにバスに乗ることのできなかった三人の男性とともに五人でアフヴァーズまで行き、チャザーベ国境のそば

図３－１　テヘランとイラクの巡礼地および国境　　（筆者作成）

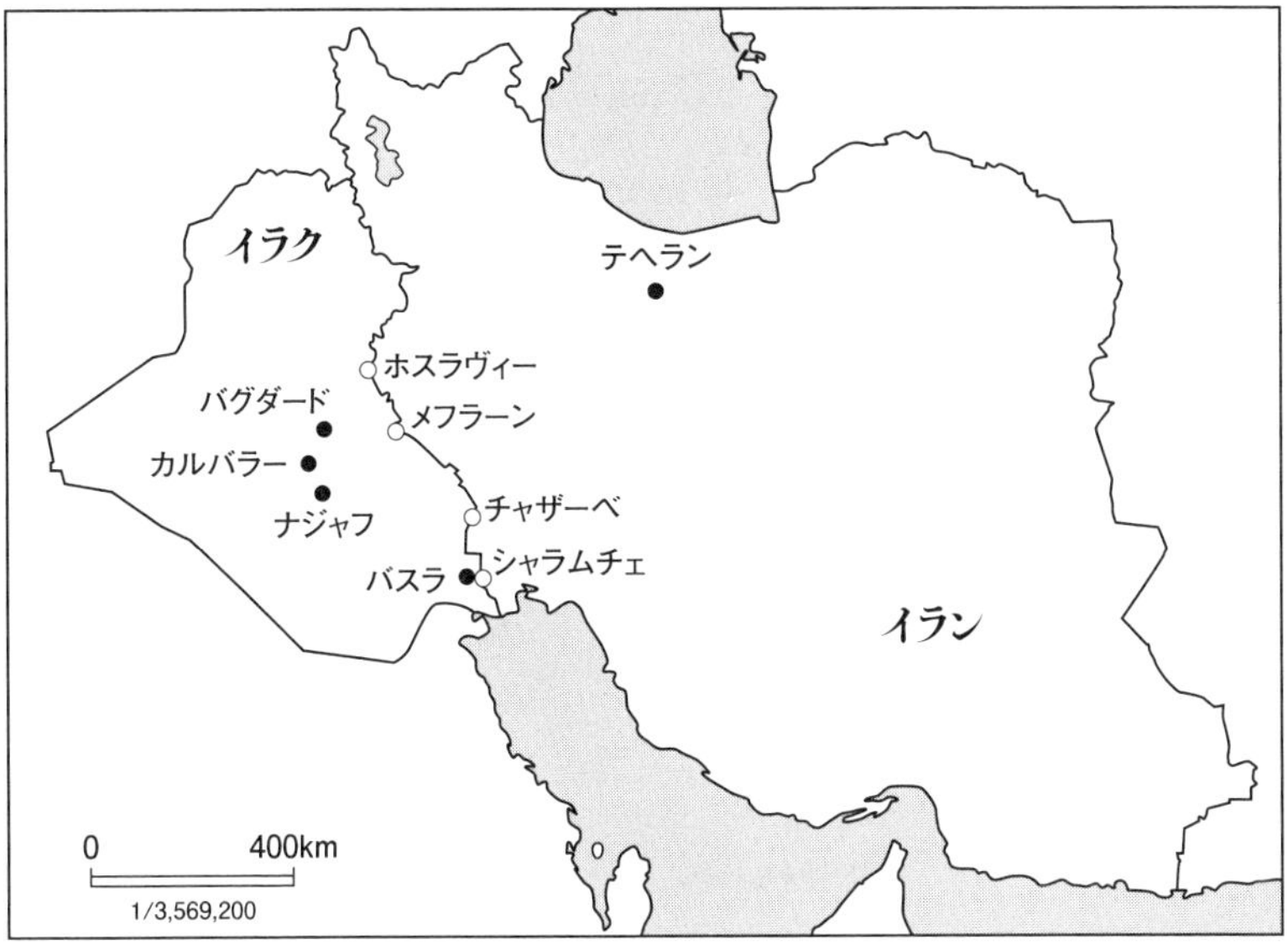


に車を停めた。料金は燃料代を同乗者で割り勘した。国境でのパスポートチェックを終えイラクに入国すると、まずチャザーベ国境から最短距離の街、アマーラまで乗用車で向かった。これは現地のイラク人が巡礼者のために無料で運行していた。そして、そこからナジャフまでは無料のバスに乗った。カルバラーまで徒歩で歩き、大型ダンプの荷台に乗って国境まで戻った。旅程は六日間だった。その間の食事や寝床は屋台で済ませたため、イラクの領土内では一切お金を消費していない。また当時はカーゼマインやサーマッラーは治安が悪かったので行きたい気持ちはあったが行かなかった。

（二〇一七年にテヘランにてインタビュー）

二〇一五年からはビザを取得することが推奨されるようになった。しかし、事実上はビザを取得しなくても国境を越えてカルバラーに行くことができる状態であった。そこで、二〇一六年からはイランとイラク両国の間で巡礼者がビザを取得することが義務づけられた。ビザの取得は行政手続き上の問題であるが、宗教的な意味づけもなされた。二〇一六年には体制に近い法学権威の一人で、そのなかでも厳しいファトワーを出すことでも知られるマカーレム・シーラーズィー師が、ビザを取得せずにアルバイーンの巡礼のためにカルバラーに行くことは禁止（ハラーム）であると発表した。[*74] ビザの発給という国家の、しかも直接的には他国の官僚制度の裁量の問題について宗教的なファトワーの判断がなされるというのは奇妙なことのようにも思える。しかしイランの法に加え、イランが国家として他国と締結した法を順守することも、法学権威によってファトワーとして出されることで、シーア派の「言説的伝統」［Asad 1986b（アサド 二〇二二）］の内部に位置づけられることとなる。

イラクへの巡礼ビザは、旅行代理店を通じて取得することができる。価格は一律に設定されており、たとえば二〇一八年には四一USドルであった。他にも、ゴムにあるイラクを本拠地とする法学権威の事務所も窓口となっており、通常の手続きでビザを取得することができない人（たとえばイラン国籍はないがイランに滞在している人など）がビザを取得する裏口の手段となっている。一部ではこの事務所は、「小さな大使館（*sefārat-e soghrā*）」とも呼ばれているようだ。二〇一五年に筆者がイラク大使館に巡礼ビザを取得しようと赴いた際には、日本大使館からのレターを持参するように求められた。これは日本とイラクの間の外交的な取り決めでこのようになっていたのであるが、特別な理由がない限りレターが発行されることはないので、事実上は日本人がイラクビザをイランで取得することができないということを意味していた。一方、二〇一八年には「小さな大使館」を通すことで筆者はすんなりとビザを取得することができたのである。このことは、イランというよりもイラクの政治の問題であるが、行政機関ではない宗教権威の事務所にビザの発給権が委譲されていることで、この事務所が事実上行政府間の取り決めの迂回路として機能していることを意味する。すなわち国家間の取り決めのルールの世界が、シーア派に基づいて形成されるネットワークを完全な統制下には置いていないということなのである。

**図３－２　巡礼者に水を配る**　2018年ナジャフにて筆者撮影

## 2　巡礼を通じたシーア派共同体意識の形成

広義の巡礼はナジャフやカルバラーの聖廟を訪れることであり、その間の移動手段の別を問わないが、催しとして推奨されているのは、イラクのナジャフとカルバラーの間を徒歩で向かうことである。ナジャフとカルバラーの間には、ほぼ直線の約八〇キロの幹線道路がある。幹線道路のわきには舗装されていない道路があり、巡礼者たちはここを歩いてカルバラーへと向かう。ナジャフとカルバラーの間の幹線道路にはナジャフ側から小さい順に番号の書かれた一四五二本のコンクリート製の柱が約五〇メートルの間隔で立ち並んでいる。そのため、この番号を確認することで、徒歩中におおよその現在地を知ることできる。ナジャフからカルバラーまで徒歩で行く場合、通常は二日から三日の時間がかかる。筆者が二〇一八年に巡礼に参加したとき、巡礼者は多くはバックパックを背負っていたが、なかにはキャスターのついたトランクを引きながら歩く人も散見された。また、ベビーカーや、高齢の家族をのせた車いすを押しながら徒歩巡礼をする者も見られた。バックパックの後ろに現在のイランの最高指導者であるハーメネイー師の写真を掲げる人、シリア内戦で殉教した革命防衛隊員のイラン人の写真が掲げる人、また、イランとイラク両方の国旗が描かれ、両国間の友好を訴えるメッセージの書かれた紙をぶら下げている人など、自らの政治的主張を提示している巡礼者もいた。後述するように、シリア内戦でのイラン人の戦死者を殉教者とみなすのもカルバラー・パラダイムの発露である［cf. 黒田 二〇二一］。

アルバイーンの時期には、道路に沿って、巡礼者にサービスを提供する屋台（Ar., *mawkib*; Pr., *īstgāh-e salavātī*）が立ち並ぶ。屋台ではグラスの底に沈殿したまま残るほどの砂糖がたっぷりと入ったイラク式の紅茶や、ファラーフェル・サンドや米料理、お菓子や果物などの食事が巡礼者に対して無料で振舞われる（図3－2）。なかには徒歩で疲労した巡礼者のためにマッサージを提供する屋台もある。このような奉仕活動は、イマーム・ホセインの名の下に行われる。イマーム・ホセインの客人に奉仕することは功徳（*savāb*）があると考えられているからである。そして、奉仕を受け取る側も与える者の個別の人格に感謝を向けずに受容する。それは与えた者に対する負い目を感じていないかのようである。こうしたホセイン追悼儀礼のなかに見られる人々の関係性が、イランやイラクの伝統的な市場や商店などでみられるような、詭弁や嘘が入り混じる価格交渉に人間関係が反映する、いわゆる「バーザール経済」［Geertz 1979］における人々の関係性と対照をなしているのは注目に値する。通常、バーザール経済の関係性においては、親族、友人、同郷、エスニック集団、同国民、外国人と、親密さの同心円の外側に行くにつれて不信の度合いは高まる。しかしカルバラー巡礼の催しのなかでは――もちろん例外はあるにせよ――コムニタス的な関係性が保たれているといってもよいだろう。

屋台の一部はモハッラム月の一〇日前後にイランのシーア派信徒の居住地区で出されるものとも同様であり（第一章）、カルバラー・パラダイムに基づいた同一の作法がイランとイラクにまたがって共有されていることを示している。屋台は地元の人々やイラン革命防衛隊指揮下の民兵組織などによって運営される。大きなテントが立ち並び、寝

**図3－3　イラクのナジャフ市内の屋外に設けられた宿泊スペース**
2018年，イラクのナジャフにて筆者撮影

るための毛布が備え付けられていたり（図3－3）、礼拝ができるようになっていたりする。また、トラクターに積まれた簡易トイレも配備されている。このような屋台はナジャフ－カルバラー間の他、バグダードからカルバラーに向かう道にも設けられている。[*75]こちらは主にカルバラー以北に住むイラク国民や、バグダード空港からナジャフによらずにカルバラーへと向かう巡礼者向けである。ナジャフやカルバラーの市内やこれらの都市への経路上にある街では、イラク人のシーア派住民たちが巡礼者（*zāʾer*）を自宅に泊め、食事などを振る舞うこともある。

　こうした順路を経て、巡礼者たちはカルバラーにあるイマーム・ホセインの聖廟[*76]とその隣にあるアッバースの聖廟を訪れる（**図3－4、図3－5**）。いずれの聖廟の入り口も男女別となっており、筆者は男性であるため女性側がどのようになっているのかは観ることができなかった。廟の中は、アーイーネ・カーリー（*āīne-kārī*）と呼ばれる、幾何学的に切り取った鏡が一面に張り付けられた装飾がなされている。[*77]聖廟の建物の中

**図 3－4　アッバース廟**

廟が見えてくると，あらためて巡礼に来たという実感がわく。2018 年，イラクのカルバラーにて筆者撮影

には小さな部屋と広間がある。広間ではマッカの方角を向いて礼拝したり、絨毯の上に腰を下ろして祈禱文（ドゥアー）を唱えたりしていた。小さな部屋の中心に石棺があり、周りは緑色で透き通った板と金属製の格子で覆われている。巡礼者たちが部屋に入ると、石棺の周りに張り巡らされた格子の周りに密集していた。格子に触れたり接吻したりすることで、イマームの恩寵（*barakat*）を得ることができるとされているためである。はたきのようなものを持っ

図3－5　カルバラーのアッバース廟の前に集まる人々

た案内の係員は、声をあげてすぐに通過して部屋を出るように促していたが、次から次へと石棺に向かって人が押し寄せていた。皆が他人を押しのけてまで格子に触ろうと互いに押し合う様子は、ホセインの名のもとに行う利他的な振る舞いとは対照をなすようにも見えた。

このようにカルバラーの巡礼では、さまざまな国籍をもったシーア派信徒が同じ順路を歩くということに加えて、そこではイマーム・ホセインの名のもとに食事が振舞われたりその他の奉仕を受けたりする。そしてまた聖廟でもまた、同じ信仰をもった人々を目の当たりにするとともに同様の行為をする。こうした行為のうちに、ヴィクター・ターナーが巡礼を論じるなかで指摘した規範的コムニタスを見出すこともできよう。それは「巡礼者の間に、そして巡礼者の間で、さらに巡礼者の旅路において巡礼者に手助けと歓待を提供する人々の間に社会的紐帯を構成する」［Turner 1975: 169–170］。こうした行為の一部はイラン国内でもモハッラム月に街で行われるホセイン追悼儀礼にも見られるが（第一章）、カルバラーの巡礼ではそれが国境を越えて、さまざまな国籍を持っ

**図3－6　テヘランの住宅街に張られた横断幕**

2017年にテヘランにて筆者撮影。横断幕には次のように書かれている。

カルバラーイーの●●と母へ
アタバート巡礼からのあなたたちの帰還に敬意を表します。
兄弟より

たシーア派信徒の間で行われていることが特徴といえる。

なお、カルバラー巡礼の体験は、個別の信徒が国境を越えて聖所を訪れてシーア派の共同意識を醸成するという一方向の行為ではない。巡礼は帰国の過程も含むのであって、[*78] 聖所から帰ってきたときに、巡礼者とその家族や友人、隣人、職場の同僚などの社会関係の再構成を伴うことがある[*79]［Rahimi and Eshaghi 2019］。イランでは、サウジアラビアのマッカへの巡礼（ハッジ）に行ったことのある人は、名前の前に「ハージー」という称号がつくのであるが、[*80] 同様にカルバラーに巡礼した人の前には「カルバラーイー」という称号がつく。[*81] イランでは巡礼のためにカルバラーに行った人の家族が、カルバラー巡礼を終え無事に帰ってきた人を称える横断幕（*banar*）を住宅の外壁に貼り出すことがある（**図3－6**）。これが示しているのは、カルバラー巡礼は巡礼に行く当人だけではなく、家族にとっても一大事であるという事実である。さらに、こうした共同体そのものがカルバラー・パラダイムの内側にあると言うことができる。

## 四　国家と信徒によるカルバラー・パラダイムの共有

前節で記述してきたのは、カルバラー・パラダイムの内側にあるものとしての人々のカルバラー巡礼の経験であった。現在行われているカルバラー巡礼という宗教行事には国家も大きな役割を担っている。ここで問題となってくるのが、第一節でもふれたように、カルバラー・パラダイムのなかで人々が国家に巡礼を取り計らうように仕向けているのか、あるいは巡礼は国家による動員のための道具であるのかという問いである。フィッシャー自身は主に、カルバラー・パラダイムを人々の思考を規定する枠組みとして提示していた［Fischer 2003］。そして、そのようにとらえれば国家もまたそのなかに内在するものとなる。しかしまた、フィッシャー自身が、イラン革命において革命運動を「動員するために用いられた修辞的・象徴的なパラダイム」［Fischer 2003 : xiv］として議論するときには、国家がパラダイムの外部にあり、パラダイムは、国家が国民を統制する道具として位置づけられることになる。この節ではまずカルバラー・パラダイムを国家と人々が共有しているという観点からカルバラー巡礼の組織化について検討する。

### 1　カルバラー巡礼への国家の関与とその目的

第二節の3で取り上げたのは、イランおよびイラクの両国家間の正式なルートとして確立していないにもかかわらず、イランからカルバラー巡礼に行った人の事例だった。それは、シーア派に対する自爆攻撃のリスクもあるなかで決行されたものだった。こうしたイランの人々のカルバラー巡礼への熱意を背景としながら、国家の側からもカルバラー巡礼が円滑に行われるように働きかけることで、とりわけ二〇一四年から徒歩巡礼の催しが行われるようになった。この巡礼を可能にした条件は、国際政治の状況と密接に関連している。この年はシリアとイラクの領土内において、ペルシア語では頭字語で「ダーエシュ」と呼ばれる「イスラーム国」（Islamic State：略称ＩＳ）の勢力が拡大したときでもあった。六月には北部のイラク第二の都市であるモースルが陥落した。特にシーア派を敵視し、聖者廟を偶像崇拝として糾弾し破壊行為も辞さないＩＳの興隆を目の当たりにし、シーア派の人々の間では聖者廟がＩＳの手にわたり破壊されるのではないかとの恐れが現実味を帯びるようになった。こうしたなかでＩＳの興隆に対抗するため、法学権威らの呼びかけによって、「聖地の防衛者たち（*modāfeʿān-e haram*）」という旗印の基にシリアやイラクにおいて民兵や義勇軍が結成され、イラン革命防衛隊ゴッズ部隊[*82]がその指揮にあたった[*83]［山尾 二〇一四］。二〇一四年の一二月一二日のアルバイーンに大規模な徒歩巡礼の催しが組織されたのは、まさにこのような切迫した状況の下だったのである。

アルバイーンの徒歩巡礼の催しは、イラン政府とイラク政府の他、両国の法学権威を通じて信徒が組織化されることによって成立している。イラン側で問題となったのは、移動手段の整備と、健康の安全や治安の確保、そして巡礼に関する情報を周知させることである。こうした目的のために、政府機関や最高指導者の指揮系統下にある機関が関与している[*84]。では、このように国家の肝いりでカルバラー巡礼が組織されるということには、どのような意味があるのだろうか。二〇一四年のアルバイーンの徒歩巡礼の催しに先立って、『天幕（*kheyme*）』という、イランの体制に近い宗教的な一般信徒を対象とした月刊誌のなかでアルバイーンの徒歩巡礼のための特集が組まれた。そこでは徒歩巡礼の目的は次のように言及されている。

アルバイーンの徒歩巡礼は、タクフィール（不信仰者宣告）主義者やアフルバイト（預言者ムハンマドの一族）の敵による非人間的な行為から遠ざかり、人々のイマーム・ホセインの神聖な領域への厚い忠誠心と関心を表明する軍事演習ないしパレードである。[*85]

この引用からは、シーア派をイスラームの不信仰者とみなすＩＳなどのスンナ派ジハード主義者の登場に対抗する形で、シーア派の連帯を内外に誇示する催しとしてカルバラー巡礼は捉えられていることがわかる。[*86]

連帯を誇示する上では、参加人数も重要である。二〇一四年にイランから巡礼のためにイラクへ入国した人数は約一五〇万人であった（**表2－1**）。[*87] これは、前年の約四八万人と比べると三倍以上の増加である。アルバイーンの徒歩巡礼はこの年を境に年々イランからの参加者が増加していく。二〇一六年には、二〇〇万人を越えている。二〇〇万という数字は、ズー・アル＝ヒッジャ月に世界中からサウジアラビアのマッカに大巡礼する人々の数でもある。これには、イランとサウジアラビアの間での地域における覇権争いとも関連して、象徴的な意味があるだろう。そしてまた、依然として爆破テロのリスクがあることを知りながらも、多くのイラン人がアルバイーンの時期にカルバラーへと巡礼するようになった事実も、対外的にシーア派の信仰の力を誇示する目的を果たす結果となっているといえる。このことから、国家もまたカルバラー・パラダイムを行動原理としているとみることができるが、後で論じるような国家による道具主義としても見ることができる。

## 2　国際関係とカルバラー・パラダイム

こうした国家による巡礼への関与はまた、徒歩巡礼の開催を可能ならしめる国際情勢およびイランが果たす役割と関係している。イランの対外政策はシーア派の信仰に基づいた宗派主義的なものであることを自称しており、したがってカルバラー・パラダイムの内側として見ていくことができる。実際、イラン・イラク戦争もイランにおいてはカルバラー・パラダイムの下で解釈されてきた。同戦争が一九八〇年にイラクのサッダーム・フセイン大統領によるイランに対する侵略によって始まったときに、イランの体制は戦争を、単にイラクによるイラン領土への侵略としてだけではなく、不信仰者によるイスラームと革命に対する攻撃として位置づけたのである［Takeyh 2010］。サッダーム・フセインはヤズィードと見なされ、打倒されるべき対象として名指された［Ram 1996］。一九八二年に、イランはイラクに奪われていたホッラムシャフルなどの領土を奪回した。しかしながら、そのときにホメイニー師は戦争を継続することを決断した。そこで掲げられた理由が「カルバラー」の重要性であった。当時陸軍司令官であったアリー・サイヤード・シーラーズィーは「サッダームが倒れ、イランの軍勢がカルバラーのホセイン廟で礼拝できるようになるまで戦争は終わらない」と述べたという。また、八二年にイスラエルがレバノンを攻撃した際にも、「イェルサレムへの道はカルバラーから続いていく（*rāh-e qods az karbalā mīgozarad*）」が体制のスローガンだった[*88]［Ostovar 2016b : 78］。反シオニズムはイスラーム共和国のイデオロギーにおいて重要な要素である。[*89] このスローガンの含意として、まずはイランで起こったイスラーム革命をイラクや周りの国にも広げてゆき、最終的にはイスラエルに「支配された」イェルサレムを解放することにつなげていくことがある。また、兵士たちの間でも「カルバラー」は重要な意味を持っていた。「ユーフラテス川で小浄（ウドゥー）を、カルバラーで礼拝を（*ozū dar frāt, namāz dar karbalā*）」というスローガンが兵士たちの精神的な支柱となっていた。[*90] 実際に、イランがカルバラーまで兵を進め戦闘を行う事態にはならなかった。しかし、ここでは「カルバラー」が単に象徴としてのみならず、実在の場所として意識され、そこへ実際に到達することが現実味のある願望となっていったのである。

カルバラー・パラダイムを通じて戦争を解釈することはイランだけに限らず、現代のシーア派の信徒の間でも行われている。[*91] 二〇一四年にはイラクにおいて、ナジャフの法学権威であるスィースターニー師の呼びかけによって、ISに対抗するため、「人民動員軍」（Ar., *al-hashd al-shaʿabī*）の旗の下で、複数のシーア派の義勇軍が結成された。彼らは、ＩＳとの戦いで多くの犠牲者も出した。ナジャフやカルバラーなど市街地や、ナジャフからカルバラーへの徒歩巡礼の経路には、対ＩＳとの戦闘で犠牲となったイラク人の義勇兵の写真と名前が印刷された横断幕が飾られている。こうした戦争の犠牲者は、殉教者とされる。とりわけシーア派にとって、ホセインは「殉教者たちの君主（Ar., *sayyid al-shuhadāʾ*）」との別名がある。このホセインの殉教を祖型としながら、シーア派コミュニティの防衛のために命を落とした人は殉教者として称えられる。殉教者の写真が街中に飾られるのは、イラン・イラク戦争時のイランでも同様だった。各都市で、イラン・イラク戦争の殉教者の写真が飾られ、時折、ホセイン追悼儀礼と結びつけられている［Khosravi 2008 : 51–52; Khosronejad 2012］。また、多くの通りの名に殉教者の名前が付けられている［Shirazi 2012］。このように現代の戦争も、イランやイラクのシーア派信徒の間でカルバラー・パラダイムの下で解釈され殉教者として称えられているのである。

国際情勢におけるイランの役割を称える哀悼歌（第二章参照）もある。ちょうどＩＳとの対立が激しくなっていた二〇一五年に、イラクのシーア派民兵組織の指導や支援を行うイランの対外政策を踏まえて、イスラーム共和国体制に近い、メイサム・モティーイーというマッダーフの歌った、「不信仰と不信仰者宣告……（*kofr o takfīr* ...）」という題の哀悼歌である。ここで不信仰者宣告が意味するのは、ＩＳのようなスンナ派過激派の人々がシーア派を不信仰者とみなすことである。この哀悼歌はペルシア語とアラビア語の歌詞が混ざった長いものであって、その射程はイランだけでなくイラクや他のアラブ人のシーア派に向けられていることがわかる。冒頭のペルシア語で歌われる部分の歌詞を訳したものを引用しよう。*92

私の指導者の許しがあれば、私の命を捧げます、
この聖廟［ゼイナブ］の道へ、そしてあなた［イマーム・ホセイン］の道へ／

「ヤー・ヘイダル［アリー］」と言い、剣を見つけ、
そして不信仰者を恐れさせる／
不信仰と不信仰者宣告は共にある／
金と力と嘘は悪魔だ／
けれども、私たちの心は真実の約束を知っている／
この戦いで勝利するのは神の党（ヘズボッラー）であると／
朝の礼拝はカルバラーで、昼の礼拝はサーマッラーで／
午後の礼拝は、もし神が望むならば（インシャーアッラー）、
バキー［ジャンナトルバキー墓地］とアルアクサーモスクで／

冒頭の「指導者」が指し示すのは、もちろん現在のイランの最高指導者、つまりハーメネイー師である。次に歌われる聖廟は、シリアのダマスカスにあるゼイナブ廟のことを指している。それは先にも述べたように、当時（二〇一五年）ISが台頭しそれを破壊しようとしていたからである。歌詞の前半部では不信仰および不信仰者宣告という、シーア派にとって敵となる概念と戦うことが歌われている。「ヤー・ヘイダル」とはイマーム・アリーのことを称える表現[*93]であるが、ここでは、最高指導者ハーメネイー師のファーストネームとの二重の意味を含んでいる。歌詞の中盤にある「金と力と嘘（*zor o zūr o tazvīr*）」という――「z」と「r」という同じ子音を有する語を組み合わせて韻を踏んでいる――言い回しは、かつてイラン革命の重要なイデオローグの一人でもあったアリー・シャリーアティーが、パフラヴィー王家を批判する際に用いた表現である。歌詞の終盤では戦いの勝利の結果として、イスラームの義務でもある礼拝について歌われているのだが、興味深いのはその場所の選択である。朝の礼拝はカルバラーで行われるとな

っており、先に言及したイラン・イラク戦争時のスローガンが踏まえられている。そして、昼にはサーマッラー、すなわち第一〇代および第一一代イマームの聖廟がある、イラクのバグダード近郊の都市となっている。この都市は、この哀悼歌が出たときにはまだＩＳの支配下にあった。最後に午後の礼拝の場所として挙げられているのは、サウジアラビアにある、複数のイマームが埋葬されているバキー墓地と、イスラエルの統治下にありマッカとマディーナに次いでイスラームの第三の聖地とも呼ばれる、イェルサレムのモスクである。すなわち、この哀悼歌で歌われているのは、まずはＩＳとの闘いに勝利し、将来的にはイランと敵対しているサウジアラビアやイスラエルからシーア派ないしイスラームの聖地を奪還するという願いなのである。この哀悼歌はもちろん、シーア派の言説的伝統のなかの一つの解釈として——すなわちカルバラー・パラダイムの内部にあるものとして——位置づけることができる。

ただしシーア派信徒によるカルバラー・パラダイムを通じた戦争の受容の側面を論じるだけでは、国家が道具主義的に宗教を活用するという側面を見落とすことになってしまう。かつてよりレバノンのヒズボッラーを支援してきたのに加え、二〇〇三年のイラクのサッダーム・フセイン政権の崩壊後にはイラクの新政権を支持し、そして二〇一一年から起きたシリア内戦の際には、バッシャール・アサド政権を支持するなど、イランは中東での影響力を増大させてきた。[*94] イランの体制は、自らの対外政策がシーア派的な価値を基調とするとみなしているけれども、国際関係論において指摘されているのは、イランの振る舞いすべてを宗派主義的イデオロギーに還元することはできず、現実主義的な政策も取ってきたということである。[*95] こうした側面をさらに敷衍すると、地域での権益を拡張するなど自己利益を追求する活動のために国家が宗教的な象徴を活用することが見出される。カルバラー巡礼や、先に言及したマティイーの歌う哀悼歌も、フィッシャーの言葉を借りれば、昨今のイランの拡張主義を正当化し、国民や周辺国民を「動員するために用いられた修辞的・象徴的なパラダイム」［Fischer 2003 : xiv］として捉えなおすことも可能なのである。そこで次節では、道具主義的な観点からカルバラー巡礼をみていく。

## 五　国家の道具としての巡礼

### 1　イランの模範的巡礼者

政治権力の本質を演劇性のなかにみたバランディエは、全体主義社会において、「官製」の想像的なものが現実を覆い隠し、現実を変容させると述べる。人々は「この見世物に動員されることによって社会的演技者として加工し直される。それもあるがままの者としてではなく、国家、従って党の期待にかなった、あるべき姿を示すものとして動員される」［バランディエ 二〇〇〇：一九］。イランでは毎年イラン暦のバフマン月二二日（西暦の二月一一日、うるう年のときは一〇日）に各都市でイラン革命を記念した官製の行進が行われている。先に挙げた『天幕』の記事でも、「軍事演習やパレード」と位置づけられていたように、このカルバラーの徒歩巡礼もこうした国家による誇示を目的とした人々の動員として見ることができるだろう。それは、シーア派としての連帯と同時に、そこで主導的な役割を果たすイランの国力を、その外部であるスンナ派ジハード主義者や国際社会に向けて提示するための道具となるのである。

前節で取り上げた事例であるが、イラン革命の過程で命を失った人の名やイラン・イラク戦争での戦没者が宗教的な意味を帯びた殉教者、各都市の通りの名として使われていることは、街の生活者に特定の国家の歴史観を刷り込む効果があるといえる。筆者自身もテヘランで生活するなかで、実用的な便宜のために地下鉄の駅や通りの名前や地区の名前を覚えていった。そして、その名称の来歴を学んだ後には、「殉教者チャムラーン[*96]の高速道路」や「ハフテ・ティール[*97]広場」を訪れたり通過したりするたびに、その名称と関連する出来事を想起するようになった。このように都市空間の名称はイスラーム共和国体制の成り立ちを反映しており、それが無意識のうちに刷り込まれるようになっている。また「不信仰と不信仰者宣告者」という哀悼歌も、最高指導者の礼賛や、イランの拡張的な政策を、カルバラー・パラダイムの内部を生きる人々にとって宗教的意味のあるものとして正当化する機能を有しているといえる。すなわち国家がカルバラー・パラダイムの外側から人々を統治するために働きかける「イデオロギー装置」［アルチュセール 二〇一〇］としても見ることもできよう。

また、巡礼はシーア派のなかでもとりわけイランの体制に沿った言説を喧伝していく場としても見ることができ、第三節で記述したハーメネイー師の写真を掲げて歩く巡礼者もその動員の例である。さらにイランの体制から期待される像としての巡礼者の事例もある。二〇一八年の一〇月一八日の昼過ぎに、筆者はイランのホッラムシャフルからシャラムチェの国境を越えて入国審査を終えたのち、大きなテントが設置された休憩所で休んでいた。するとイランのケルマーンからやってきた高校生くらいの少年三人が筆者のほうに向かってきて挨拶をした。そして、お互いに自己紹介をした後に、彼らのうちの一人が筆者に尋ねた。「アーガー（*āqā*）のことをどれくらい好き?」。アーガーとはペルシア語において、英語の「Mr.」に相当する敬称である。しかし単独あるいは、「聖（*ḥaẓrat*）」が前について用いられた場合（*ḥaẓrat āqā*）には特別な意味がある。現代において、それはイラン・イスラーム共和国の最高指導者アリー・ハーメネイー師を指すのだ。彼らのうちの一人が持つスマートフォンの透明なケースの裏面には、ハーメネイー師の写真が外から見えるようにケースと電話機の間に入れられていた。筆者がとっさに、これくらい、と手を横に広げて答えると、彼らは、「ああやっぱり。みんな好きなんだ。アーガーはシーア派のリーダーだからね!」と興奮した面持ちではしゃいでいた。

素直に捉えれば、このように示されるハーメネイー師への敬愛は素朴な感情の発露となるが、こうした考え方自体が国家による教育の成果だとする見解も説得力がある。一九八九年に前最高指導者であったホメイニー師が死去して以降のイランでは、学識の観点からホメイニー師に及ばなかったハーメネイー師が最高指導者となるにあたり、人々

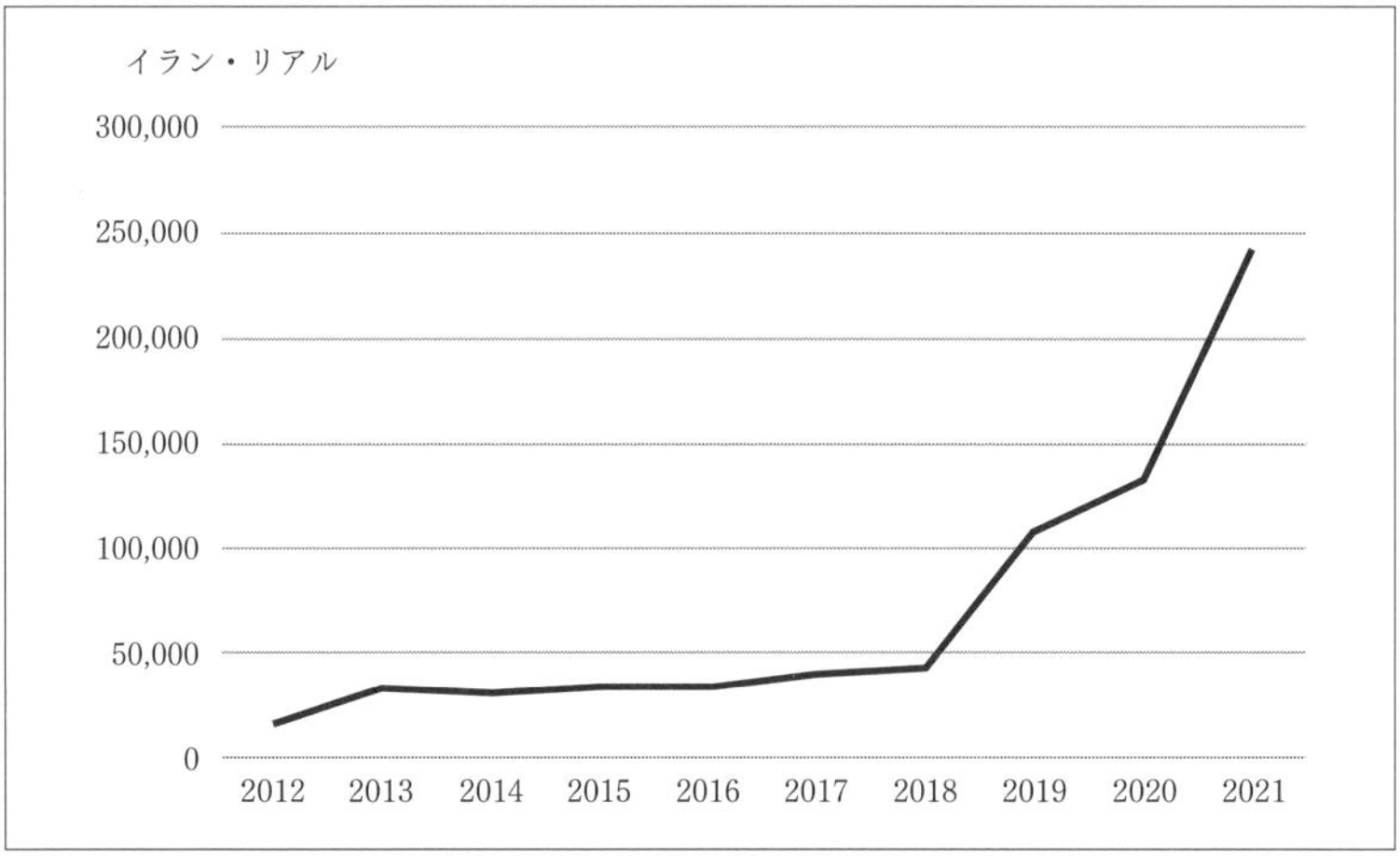


**図３－７　1USドルあたりのイラン・リアル為替レートの推移**
TGJUによる為替レート変動グラフを元に筆者作成（注99参照）

に法学権威としても認知されるようにするための働きかけが体制によって行われた［Walbridge 2001］。そして、革命防衛隊の下部組織で大衆動員を担当するバスィージ（第二章参照）においても最高指導者の解釈に基づいたイスラーム共和国やイスラーム的社会に関する訓練や教育が施されるようになり、若い世代の間でハーメネイー師を支持する人が増えているのだという［Bajoghli 2019：38］。筆者が出会った少年たちもバスィージの成員である可能性が高いのである。

## 2　国民を満足させる道具としての巡礼

イランの対外政策は一方では国内の経済的な苦境をもたらす要因となってきたが、そのような状況と巡礼との関係も見ていく必要がある。イランによる対外政策については、多額の国家予算が投入されることについて、しばしばその是非が議論となる。[*98] 筆者がイランに滞在していたとき、たとえばタクシーに乗っているときなどに、イランの体制や経済的窮状に関する批判をたびたび耳にすることがあった。その理由は、国内で使われるべき予算が海外で使われており、国内の生活水準が向上しないことについての不満だった。[*99] 二〇一八年の春から夏にかけてイラン・リアルの価値は暴落した（**図3－7**）。二〇一八年の三月には市場レートにおいて、一USドルは約四万リアルであった。しかし、九月の頭に一時的に一五万リアルにまで達した。その後、八万リアル台まで下がったことがあったが、その後もまた上昇し、二〇一九年一二月の時点まで、一〇―一五万リアルの間で上下を繰り返している[*100]（なお、二〇二三年二月の時点では四三万リアル台になっている）。

通貨価値の下落は、多くのイラン人にとって海外に行くことやそこで消費活動を行うことをさらに困難にしてきた。日本から資金を持ち込んでいた筆者にとっては滞在費用の倹約に資することとなったが、イラン人の友人たちからは物価の上昇も相まって生活が厳しくなったという声もしばしば聞かれるようになった。毎年、長期休暇に海外に行っていたというテヘラン大学の事務職員の女性が、通貨価値の下落によって海外に行くことができない、とぼやくのを二〇一八年に聞いたこともあった。このような状況においてカルバラー巡礼は、ほとんどお金をかけずに旅行に行くことができる機会を国家が人々に対して提供するという意味を持っている。

**図3－8　ナジャフからカルバラーへ向かうダンプの荷台に乗る人々**
2018年10月28日にナジャフとカルバラーの間の幹線道路にて筆者撮影

しかし、それは際どいバランスの上に成り立っているようにも思われる。イランの通貨価値の下落の影響は二〇一八年のアルバイーンにおけるカルバラーへの徒歩巡礼においても観察することができた。ナジャフからカルバラーへ順路を歩く代わりに、ミニバスに乗って行くためには、三〇〇〇イラク・ディナール（＝約三USドル）が必要だったのだが、これは当時のレートで四五万イラン・リアルほどであり、多くのイラン人にとっては結構な支出となる額でもあった。筆者がバスに乗った際にも、イランから来た巡礼者が筆者の乗っていたバスに乗り込もうとし、値段を聞いて驚いて乗るのを断念している光景を何度か見かけた。一方で、無料で輸送する大型ダンプも走っている（図3－8）。これらはイラクのシーア派民兵によって運行されている。筆者がミニバスの窓から外を見たときに前を走っていたダンプの荷台には、多くは若い男性が隙間なく乗っていた。ナジャフからカルバラーへの道は渋滞しているため、五時間ほどかかる。荷台にすし詰めのまま五時間の移動に耐えるというのは大変な苦行のように見受けられた。

たしかにカルバラー巡礼においても、イラクに入国し無料の順路で巡礼を果たすことができる。しかしながら裏を返せばイランから来る人々にとって、イラクに入国することはできても、よいホテルに泊まったり、高いレストランで食事をとったりして観光を楽しむことは難しいだろう。イラン・リアルの安い通貨価値でできることに甘んじなければならないのである。そこまで考えれば、そのような状況を作り出しているイランの対外政策そのものが問題視されるようになることもありうるだろう。しかし、今のところはまだそのようにはなっていない。[*101] カルバラーへの巡礼がどのような条件であれ可能であるということは、通貨価値の下落から対外政策への批判へと向かわせないだけの満足を与えているといえよう。

## 六　国家の意図を超える巡礼

### 1　巡礼の流用

前節では国家が道具主義的にカルバラー巡礼を活用する側面について論じてきた。とはいえ、国家が設定した統治の技法は、人々の行動があらかじめ想定された枠内に収まるということを必ずしも意味しない。セルトー［一九八七］が「戦略」と「戦術」の対照として議論したように、人々の「戦術」としての実践は国家が「戦略」のなかで設定した場のなかで、「戦略」が想定していたことからずれていく。カルバラー巡礼という機会は、国家が必ずしも意図しなかった形で人々の娯楽として流用されうるのである。

これまで取り上げてきたのは、アルバイーンのカルバラー巡礼のいかにも宗教的で非日常的な側面だった。巡礼についての人類学的研究のなかで、イーデとサルノウは、コムニタス理論に依拠したターナーのアプローチでは巡礼の非日常的な側面だけが強調されてしまうことを指摘した［Eade and Sallnow 1991］。巡礼という行為は必ずしも宗教的な行為だけで構成されているわけではなく、日常的な娯楽もそのなかに入り込んでいると言うのである。カルバラーの徒歩巡礼においても、筆者はそうした場面に遭遇した。二〇一八年一〇月二八日に筆者はナジャフからカルバラーに向かう幹線道路上、カルバラーの手前でミニバスを下車し、そこから徒歩でカルバラーの中心部に向かっていた。この日は、スペインのサッカーリーグのFCバルセロナ対レアル・マドリードの試合が行われる日であった。両チームともに中東地域において絶大な人気を誇っており、街中でユニフォームの模造品を着ている人を見かけることは珍しくない。ナジャフとカルバラー間の徒歩順路で、さまざまな屋台が立ち並ぶなか、多くの人が集まっている屋台があった。なかには巨大なスクリーンにサッカーの試合が映し出されており、その前にイラクやイランを含む、さまざまな国出身の多くの若い男性が集まって試合を観戦していた。そしてスリリングな場面になるとオオーッと歓声があがっていた。この事例が示しているのは、イマーム・ホセインの名のもとに組織された大規模なカルバラーの巡礼という催しのうちにも、日常的な娯楽あるいは日常生活のなかにある非日常的なささやかな楽しみが包含されているという事実である。このように宗教儀礼のなかに娯楽が包含されていることについては、第二章でも論じた。

また、巡礼という名目で観光するという事例もある。巡礼ビザの持つ条件を別の意図で活用しているのである。バグダードのムタッナビー通りという書店街に、一〇〇年以上続く有名なカフェがある。アルバイーンも過ぎてから数日後、筆者は、そこでバックパックを背負った男二人、女一人の三人のイラン人グループに遭遇した。彼らはテヘランに住み、ヴァリーアスル通りのカフェで開かれる、詩を読む会などの文化的な活動をしているのだという。また、彼らは英語を話すことができた。彼らのような人々はテヘランには多いが、宗教とは程遠い人々として分類されよう。体制の掲げるイスラームはおろか、宗教的であると自己規定もしていない場合が多い。当然、胸叩きや路上行進のようなホセイン追悼儀礼に参加することもない。彼らも他の巡礼者と同じようにナジャフとカルバラーを訪れた後バグダードへとやって来た。バグダード市内にもカーゼマインという聖地があるため、イランからの巡礼者がバグダードを訪れること自体は珍しいことではない。しかし彼らの動機は、想定される巡礼者とは少し異なっていた。

筆者が観察した限り、多くのイラン人巡礼者にとって、ホスト国であるイラク人との交流は表面的なものに留まっていた。それは通常、宿泊時や屋台で食事をもらうときなどのやりとりに留まる。しかし、バグダードで筆者が出会った三人は、カルバラー巡礼を国外に出る数少ない機会としてとらえていた。男性の一人は、「実際にイラクの人と交流して現実を見たい」と語り、その理由を次のように説明した。

イランではイラクについて、「アラブ人」へのネガティブ・イメージから文化的後進性が語られることが多いです。けれども私たちは、実際にイラクの人々と交流することを通じて、イランでは語られることの少ないイラクの側面を見たいのです。

（二〇一八年一一月二日、バグダードにて）

巡礼ビザでは一ヵ月の間、イラク国内に滞在することができ、理論上はイラクの領土内のどこにでも行くことができる。彼らはこうした条件を、ナジャフやカルバラーなどの巡礼地を回るという巡礼ビザ本来の想定とは異なる仕方で利用しており、それは「流用」と言い換えることもできよう。また、先の男性が述べているような動機で国外に旅行をすることは欧米や日本のような国のパスポートを持つ人々にとっては珍しいことではないだろう。しかし、イランのパスポートでビザなしで行ける国は二〇一八年時点で四三か国であるという。[*102] そしてそのうちアフリカの諸国などを除くと、イランの周辺の国で行くことができるのはトルコ、アルメニア、ジョージアなどである。こうしたことも考慮に入れると、アルバイーンの徒歩巡礼がイランのパスポート所有者にとって国外を旅行する貴重な機会ともなり得るのである。

## 2　シーア派内部の正統性をめぐる論争

前項で取り上げた「巡礼の流用」の事例は、道具主義的な立場からみた、国家が国民を統治する道具としての巡礼の催しがその意図を超えて実践される側面であった。それに対して、シーア派イスラームの言説的伝統が国家の領域を超え出ているために国家による想定からこぼれ出てしまうことがありうる。

ナショナリズムを研究した政治学者のベネディクト・アンダーソンは、ヴィクター・ターナーの議論に言及しながら、旅、とりわけその祖型である巡礼が共同性の想像にとって重要な役割を果たしてきたことを指摘している。巡礼地は信徒の心の中で聖なる地理の中心であっただけではなく、「巡礼地の重要性が経験され（演出法的な意味で）「実演される」のは遠く離れ、それ以外には何の関係もない諸地域から、巡礼地へと巡礼者が不断に流れることによってなのだ」［Anderson 1983 : 53–54（アンダーソン一九八七：九七）］という。カルバラーの巡礼においては、イラクやイランからだけではなく、さまざまな国からシーア派の信徒がやってきて、同じ順路を歩き共通の経験をする。アンダーソンがマッカ巡礼を想定しながら指摘したのは、宗教共同体の外縁が巡礼を通じて決定されていたということである。さらに、国民国家における国民意識の形成に関心のあったアンダーソンは、世俗的な巡礼をつうじて国民意識が形成されることを論じた。すなわち、明確な国境のなかった南米の国家が国民意識を獲得できたことのなかに、官僚の「巡礼」という共通経験があるというのである。この議論における対照を踏まえれば、カルバラー巡礼は国家によって企画されたという側面を持ちながらも、それにもかかわらず国民国家としてのイランが「巡礼」を通じて作り出そうとする共同性の領域とは重ならないシーア派の共同性、すなわちカルバラー・パラダイムを醸成する場となり、それが国家の意図と齟齬をきたすこともありうるのだ。

イランから来た巡礼者と、彼らをもてなすイラクの人々との間で生じた論争の事例がある。彼らはともにシーア派の信徒である。筆者はイラクに入国した際、国境近くのイラク第二の都市バスラで巡礼者を泊めているイラク人の家に数日間滞在する機会を得た。ここでは、シャラムチェの国境を遅い時間に超えたイランからの巡礼者たちを一晩受け入れていた。国境にある屋台でモフセンというイラン人の男性が巡礼者とホストファミリーを引き合わせるために働いていた。モフセンはフーゼスターン州の出身で、アラビア語を母語とするアラブ系のイラン人である。モフセンは自ら要求することはないが、紹介のお礼としてお金を受け取っていた。ある夜、テヘランに隣接した都市であるキャラジュに住むという三〇代前半で、法学者のターバン姿の服装をした男性のアフマドが家を訪れた。その夜は、ホストファミリーの男性家族や近所の男性の住民が集まって、濃い紅茶[*103]を飲みながら議論が行われた。モフセンが通訳をする形でアフマドは持論を述べ始めた。「イランがなかったら今のイラクはなかった」。そして、次のように続けた。「なぜ世界のあらゆる国がシリアのバッシャール・アサドに敵対しているのにもかかわらず、アサドは未だに持ちこたえているのでしょうか？　それはハーメネイー師の力によるのです。またなぜロシアはシリアをサポートするのでしょうか。それは、ハーメネイー師がプーチン大統領と私的な会談を行って、そうするように説得したからです。私は、プーチンがそのときにシーア派に改宗したのではないかと信じています[*104]」。モフセンがそれをその場にいたイラク人たちにアラビア語で翻訳すると、イラク人たちは次々に反論し始めた。彼らはイラク国内で特にシーア派の貧困層から支持を受ける宗教的保守主義のムクタダー・サドル率いる「サドル運動」の支持者でもあったのだ。客人を泊める部屋には高名な法学者であったムクタダー・サドルの父、ムハンマド・サーディク・サドル師の写真も掲げられていた。彼らは次のように反論した。「ハーメネイー師の学識は高くない。ムハンマド・サーディク・サドル師の方が、学識が高かった」。それを聞いてアフマドはむっとした顔をし、再びハーメネイー師は卓越した人物だということを説いた。論争がひと段落し、アフマドが部屋を去ると、そこにいたイラク人たちはイランの体制による国際政治観を批判する主張を展開し始めた。「イラクで内戦が終わったのはイランのおかげではない。イラク人は自ら米国の占領を終わらせたし、ＩＳと戦ったのだ」と。

このように、巡礼者とホストが出会う場において、シーア派の法学権威をめぐる意見の相違や、ＩＳとの戦争におけるイランやイラクの役割の評価をめぐる論争が行われたのである。巡礼に関する人類学的な議論のなかで、イーデとサルノウは巡礼の内部にある争いとしての側面を強調している。彼らによれば、聖廟（shrine）の力は、「大部分がその宗教的空所、すなわち、多様な意味や実践を許容する能力のある儀礼空間」［Eade and Sallnow 1991］に由来する。これを踏まえれば、イマーム・ホセインを奉るカルバラーの聖廟という空間は、一義的には定まらない意味や実践が立ち現れる場なのである。そこでは、イーデとサルノウが言うところの、巡礼の「公式の言説」、すなわち先に論じたような、イランのイスラーム共和国体制が催しとしての巡礼を通じて流通させようとしている言説が挑戦されていくこともある。つまりシーア派内部の言説的伝統として、イランの役割や宗教者の権威をめぐる論争や、ナショナリズムに基づいた論争が繰り広げられる場でもあるのだ。

このことは、第三節でも論じたようにシーア派という宗教的共同体の外縁が、国民国家の外縁と重ならないことに由来する。アンダーソンは、国民国家の領域内における「巡礼」を通じて「想像の共同体」が形成されると議論したが、カルバラーの徒歩巡礼は、まず巡礼地がイランの領土の外部にあることに加え、他国のシーア派信徒との交流が生じ、国家の外縁を超えた共同体の外縁が立ちあらわれてしまい、さらにそのより広い共同体のなかでナショナリズムをはじめとした国家単位の境界が人々の言説の水準で引き直されてしまうのである。したがって、現在のカルバラー巡礼を国家による統治のための道具として位置づけようとしても、二つの仕方で国家の意図を逃れてしまう。一つはセルトーのいう「戦略」がつねにその外部としての「戦術」のための余地を産み出すことによって、そしてもう一つは国家と宗教それぞれの外縁が異なるという理由によってなのである。

## 七　国家と宗教の交錯

これまで見てきたように、カルバラーの徒歩巡礼はシーア派の儀礼のなかに位置づけられ、イランにおいてはサファヴィー朝の時代より行われてきた。カルバラー・パラダイムの内部を生きる人々が切望してきたカルバラーの巡礼は、二〇〇三年にイラクのサッダーム・フセイン政権が崩壊した後、イラン政府とイラク政府が協力することによって可能となった。徒歩巡礼が大々的に組織化されたことからは、国家もまたカルバラー・パラダイムを行動原理としていることがわかる。しかし国家を起点としてみれば、巡礼には、対外的にスンナ派ジハード主義者の興隆に対抗してシーア派の連帯を示すという目的があり、それはイランの拡張的な対外政策とも密接に関係している。巡礼は必ずしも公言されている宗教的な理由だけには還元することができない。その意味ではカルバラーの巡礼は、統治の道具としての国家の催しと見ることができる。イランの国民にとって、カルバラーの徒歩巡礼は、費用をほとんどかけることなく海外へ行く機会ともなっている。また巡礼は、イランの対外政策の帰結として海外に行くことが困難になっているイラン人に海外を訪れる機会を提供することで埋め合わせる機能を果たしているのである。とはいえ、そのなかには国家が意図していない形で人々が海外に行く機会を活用するという事例もある。シーア派の言説的伝統という国民国家とは異なる論理を強調するならば、カルバラー巡礼は国家が広めようと努める体制中心の言説が、その外縁を超えたシーア派の言説と出会う場、すなわち国家と宗教の交錯の場として見ることができる。現代のカルバラー巡礼はカルバラー・パラダイムの内部で完結したものではなく、また道具主義的な視点からだけでも捉えることができないのである。

2019 年アルダビール郊外にて。アーシューラーの午前中に「私的空間」である牛舎に有志が集まり，荘厳な雰囲気の中で自傷儀礼が行われた

# 第四章　自傷儀礼の禁止と信仰する身体の過剰性

## 一　禁じられた儀礼

第三章では、カルバラー巡礼が言説的伝統と道具主義的な説明のどちらか一方には還元できず、両者の緊張関係のなかで説明されるべきだと議論した。本章ではそれを踏まえて、ホセイン追悼儀礼のなかでも現在イラン政府によって禁止されている自傷儀礼を取り上げる。[*105]

第二章で取り上げた胸叩き儀礼の事例では、ホセイン追悼儀礼が音文化と結びつくなかで儀礼の範囲が拡張していくことを見てきた。特に身体動作を含むために、音楽よりもダンスにおいて人々の「戦術」は可視化される。そして胸叩きの儀礼の事例では、人々の関心が言説よりも身体動作そのものに向いていることを指摘してきた。この章で取り上げる自傷儀礼（self-flagellation）には、胸叩きよりも過剰な、言説を超えた身体動作を伴って実践されるという特徴がある。そして、一部の人々に支持されているにもかかわらず、国家からは禁止されている。本章では、この自傷儀礼を事例として、国家が宗教的な身体実践の過剰性に対処しなければならなくなる側面を描き出し、国家が特定の宗教儀礼を禁止することの含意について考察する。

自傷儀礼はホセイン追悼儀礼の一つに分類されてきた。現在でも、アーシューラーの時期になるとイラクやインド、パキスタンなどで公に行われている自傷儀礼や、さらには欧米に住むこうした地域からの移民によって行われるものがメディアによって取り上げられている。ただし後述するように、一九九四年の最高指導者ハーメネイー師による禁止のファトワー以降、イランにおいて自傷儀礼は公式に禁止されている。それ以降は原則的に、国家権力の及ぶ範囲で取り締まられることとなり、「私的な」空間でのみ一部の人々により実践されている［Chehabi 1997］。本節の残りの部分では、筆者が自傷儀礼を身近に感じるきっかけとなったエピソードを取り上げて、そのあとに本章で検討する問題の所在について論じたい。

二〇一六年一〇月一一日、アーシューラーに当たるその日、筆者は早朝からテヘランの下宿していた地区でホセイン追悼儀礼の参与観察を行っていた。正午になり、自分が調査していたヘイアトの人々が路上行進を終えると、メンバーの一部とともに最寄りのホセイニーイェ（儀礼を行うための建物）へと向かった。中ではソフレという、プラスチック製の薄い敷物が敷かれ、発泡スチロールの容器に盛り付けられた、ゲイメ（肉と黄エンドウ豆をトマト味で煮込んだシチュー）というイランではよく食べられる料理がふるまわれた。ホセイニーイェには近隣のさまざまなヘイアトの成員が集まっていた。食事の際、近くに座った男性の一人が、スマートフォンで動画を見せてくれた。そこに映っていたのは、彼が参加するヘイアトの成員が中に集まっている黒い小屋（タキーイェ）だった。そして成員の前方には二人の男が立っていた。白く長い布をまとい、短剣の柄の部分を両手で握り、腕を前に垂らしている。二人はそれぞれ、何か言葉を唱えると、おもむろに腕を振り上げ、頭のつむじの後ろあたりをめがけて、短剣の刃を数回打ちつけた。その後しばらくすると、頭から血が滴る様子が映し出された。動画を観ながら驚く筆者の様子を見て、動画を見せてくれた男性は満足げな顔をしていた。

ホセイン追悼儀礼について調べていくなかで、自傷儀礼の存在自体は知っていた。しかし現在は禁止されているという文献から得た先入観があったため、実際に身近なところで実施されていたという事実が驚きだった。その後一度帰宅し、夕方になってから筆者の家の近くにある水たばこを提供するガフヴェハーネに入った。[*106] いつも店にいる常連たちと挨拶をした後、その日に行われたホセイン追悼儀礼についての話題になった。そこで筆者が自傷儀礼の動画を観たことを話すと、それを聞いた男たちは憤り始めた。彼らが声を荒げてしきりに強調したのは、イスラームでは自傷儀礼が禁止されているということだった。なかには最高指導者による禁止のファトワーを理由として挙げる人もいた。そしてまた別のとき、テヘランに住む宗教儀礼には参加しないような筆者の友人たちに同様の話をした際にも、顔をしかめ、あれはイスラームではない、といった反応が見られた。また、そのなかには儀礼が持つ暴力性に対する嫌悪感も見られた。

イラン社会をめぐって生じる緊張関係の要因としては通常、体制のイスラーム主義に傾倒した人々と、それに反発し西洋的な価値を称揚する人々の間の対比が論じられる。とりわけ後者は、宗教的な価値を強要する体制から抑圧された存在として描かれがちである［e.g. Khosravi 2008］。しかしながら、筆者が観察した自傷儀礼に対する反感は、身なりからして体制に迎合的で、「宗教的（*mazhabi*）」と呼ばれるような人々にも、そうでない人々の間でも共有されているように思われた。それは、イデオロギーの対立を超えたレベルで共有された価値だといってよいかもしれない。

これまでの章で見てきたように、イランにおいてホセイン追悼儀礼がイスラーム共和国体制を正当化しようとする国家によって奨励されてきたことを考慮するならば、ホセイン追悼儀礼の一部でもある自傷儀礼が国家によって禁止されているという事実は奇妙なことのようにも思える。この禁止にはいかなる意味があるのだろうか。それを明らかにするためには、これまでの章と同様に言説的伝統と道具主義的な説明の両者をみていく必要があるだろう。

本章ではまず、自傷儀礼の概要と現在のイラン社会における位置づけをみていく。次にイスラームの言説的伝統の観点から、自傷儀礼に対するシーア派の法学権威の見解を検討し、自傷儀礼が言説的伝統に収まりきらない実践としての過剰性を持つことを指摘する。最後に、国家が自傷儀礼を禁止するために用いるさまざまな手段について検討して、現在のイランにおいて自傷儀礼が禁止されていることの含意について考察する。

## 二　自傷儀礼とその社会的位置づけ

### 1　ホセイン追悼儀礼としてのガメザニー

本章で考察の対象とするのは、ガメザニー（*qame-zanī*）という儀礼である。ペルシア語で「ガメ（*qame*）」は短剣を意味し、「ザニー（*zanī*）」は叩くことを意味する。ガメザニーは、短剣の刃（**図4－1**）で自分の頭を叩いて血を流す儀礼で、アラビア語では「タトビール（*taṭbīr*）」と呼ばれ、レバノンやシリア、イラクのシーア派の間でも行われている［Nakash 1994; Deeb 2006; Szanto 2013］。胸を叩く集会や路上行進といった儀礼が、シーア派が確立したその初期から人々の間で行われていたのに対し、ガメザニーの歴史は浅い。ナカシュによれば、一七世紀前半にコーカサス地域からイラン北東部にかけて住んでいたアーザリーの間で自傷儀礼が行われていたことが、ヨーロッパ人の旅行記の記録から確認できる。[*107] 一九世紀になってから、この儀礼はイラン中南部や、現在のレバノンやイラクなどのアラブ地域のシーア派の間に広まっていったのだという［Nakash 1993］。

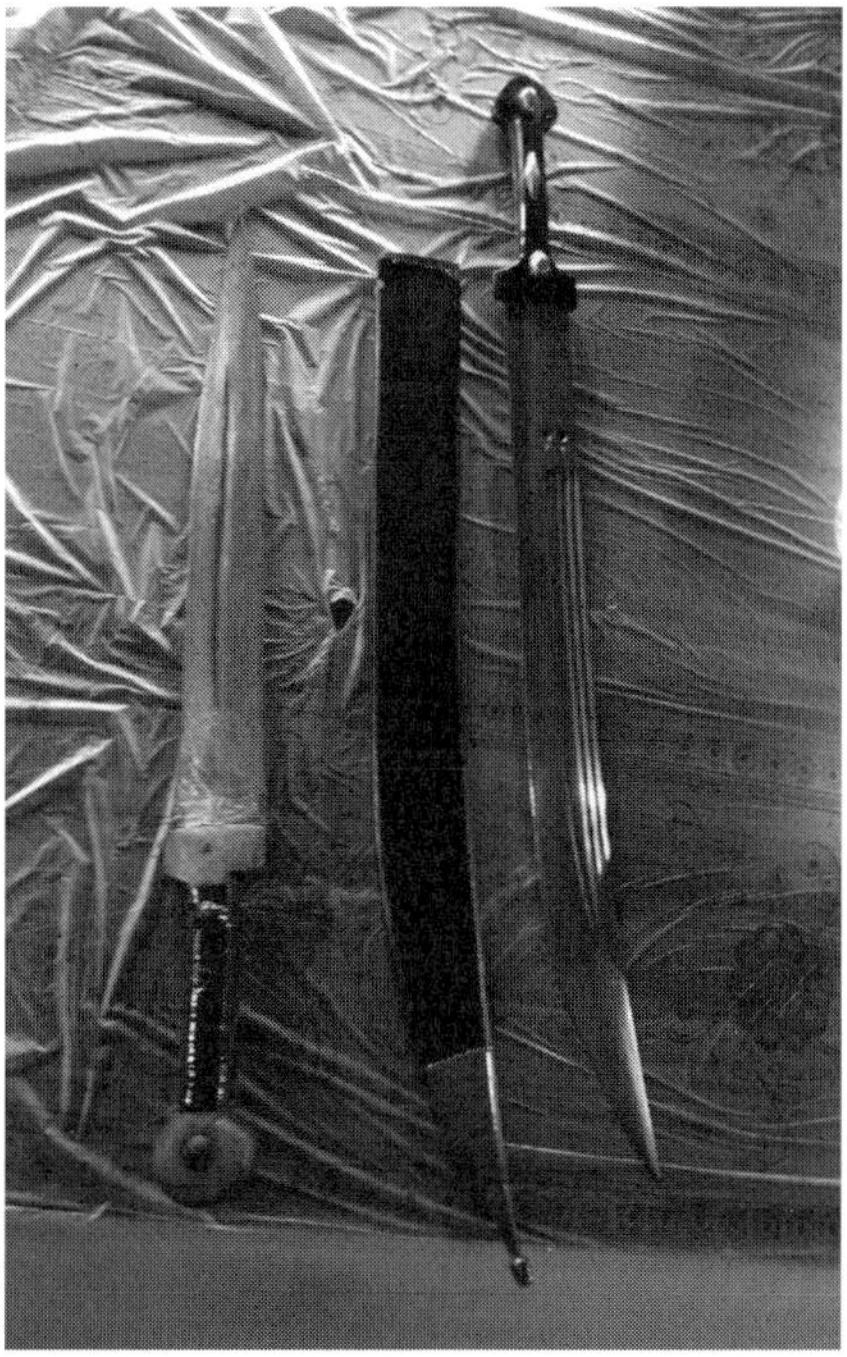

**図4－1　ガメザニーで使われる短剣**
2019年にアルダビールで行われた、ガメザニーの集会において参加者が持参した短剣。筆者撮影

それとは別な仕方で身体を傷つけ、血を流すシーア派の儀礼はアフガニスタンやインドやパキスタンなどの南アジアでも行われている［e.g. Pinault 1999, 2001; Hyder 2006］。そこでは刃物が鎖の先に取り付けられており、それを自身の背中に打ちつけるのである。これらはペルシア語では「刃叩き（*tīgh-zanī*）」あるいは「刃付きの鎖叩き（*zanjīr-zanī-ye tīghdār*）」と呼ばれるが、イランで行われることはほとんどない。ただし類似した儀礼は存在する。その一つが、第一章で取り上げた鎖叩き（*zanjīr-zanī*）である。イランにおいて頭を剣で打ちつけ血

を流す儀礼と、南アジアで行われている背中に刃を叩きつける儀礼とが伝播のなかで変化したものであるのか、あるいは、同時多発的に類似の儀礼が発展してきたのかは定かではない。[*108] しかし、後で言及するようにイスラーム法的に議論する際には、身体を傷つける行為として、こうした儀礼は同一の範疇で扱われる。そのため本章では、総称して「自傷儀礼」という語を用いる。

ガメザニーはモハッラム月の一〇日目であるアーシューラーの早朝に行われる。伝統的な仕方では、キャファン（*kafan*）と呼ばれる死に装束をまとい、頭髪をそり上げる。そして刃物を自分の頭に叩きつけることによって血を流す［Mohaddesi 1391: 387］。額の上の部分を刃で切ることで血を流す仕方や、本章で取り上げる事例のように、頭頂部の少し後ろの部分に刃を叩きつけて血を流す仕方など、地域によって仕方にはバリエーションがある。[*109] 実践者たちは、「自らの血を流すことによって、カルバラーでのホセインの殉教を再演しようと」［Nakash 1993: 174］する。また、イマーム・ホセインのために血を流す覚悟があることを示すため、という解釈もある［Mohaddesi 1391: 388］。

## 2　テヘランにおける自傷儀礼

それでは自傷儀礼は実際にどのように行われているのだろうか。二〇一八年九月二一日にテヘランでアーザリーの人々からなるヘイアト[*110]で行われた自傷儀礼の様子を描写したい。筆者はアーシューラーの日の早朝に、メフルアーバード空港の西側に位置するテヘランサルという地区の住宅街にある家を訪れた。[*111] 敷地は高い壁で囲まれており、なかには一戸建ての家と広めの駐車場スペースがあった。家には外から階段で入ることのできる地下室があり、筆者が友人とともに訪れると、そこに案内された。儀礼を行うために集まった六、七人の男たちがすでに座っていた。中にいた一人の男性は布に包まれた自前の剣を腕に抱えていた。そして、一人の男が「何も特別なことではない（*chīzī makhsūs nīst*）」と、筆者にも自傷儀礼を行うように勧めた。自傷儀礼を行うことの意義や正当性を説明して筆者を説得しようというそぶりは見せず、あたかもそれが当然であるかのような態度に思われた。

しばらくすると、ホスト家族の成員が朝食を振る舞った。一面に絨毯が敷かれた床の上に食事用のビニールシートが敷かれ、バルバリーというナーン[*112]と、チーズと蜂蜜が置かれた。食べ終わると紅茶が全員に振舞われた。朝食を食べ終わり、車のない駐車場スペースに行くと、そこでは、すでに三〇から四〇人ほどの黒い服を着た男が集まっていた。参加者の頭をよく見ると、髪の毛を剃り上げている箇所があったり、あるいは後頭部に傷で毛がなくなっていたりする箇所が散見された。何年もガメザニーを繰り返したからであろうか、複数の線上に皮膚が盛り上がっていた。

朝の七時になると、合わせて六〇人ほどが集まっていた。家の外壁の門の前には数人が見張りとして立ち、部外者が入れないように見張っていた。警察や、体制の動員組織であるバスィージが取り締まりのために来た場合に対応できるようにするためである。黒いガーゼ生地のスカーフを頭に巻いた一人の男性が儀礼の開始にあたって留意点を述べた。それは、昨今、儀礼に対する世間の風当たりが強くなっているために、スマートフォンなどでの撮影を禁ずるものだった[*113]。

まず一人が剣を右手に持って手を下ろし、イマーム・ホセインへの祈願を唱え始めた。そして、手を思い切り振り上げ、刃を後頭部へと勢いよく叩きつけた。「キーン」という、金属バットの打球音にも似た甲高い音が鳴り響いた。短剣を打ちつけるのは、頭のつむじから少し後ろ辺りである。彼ら曰く、そこは頭蓋骨の中でも硬い部分だからだ。動作を二、三回繰り返したあたりから血が滴り始めた。平均して、五、六回だろうか。なかには一〇回近く叩く動作を繰り返す人もおり、そういったときには周りの男たちが、「お前の思いはもうわかったから」となだめて止めさせる場面もあった。中庭の一角には折り畳み式のテーブルが置かれ、その上に消毒用エタノールとゴム手袋、ガーゼと包帯が用意されていた。白衣を着て、ゴム手袋をはめた男性が隣で待機していた。彼は、自傷儀礼を済ませた人の傷を手当てしていく。二人から五人ずつが順番に輪の中心部にやってきて、短剣で頭を叩き、血が流される。叩きつける際には、「ヤー・ホセイン！」や「ヤー・アバールファズル！」[*114]と強く唱えられる。途中、自傷儀礼が次々に遂行されていくなかで、流れる血を見て気分が悪くなったのか、筆者の近くにいた青年が失神して家の中に運び込まれるという出来事があった。また、ある老人は、自分では短剣で頭を叩くことができなかった。そこで、別の一人の手つきのなれた男性が後頭部に短剣を叩きつけることで血を流すという一幕もあった。まだ二、三歳くらいの小さな子どもの頭にも、この男性が刃を当て切ることで血が流された。その場に居合わせた人はほとんど全員がいずれかの仕方でガメザニーの儀礼を行った。儀礼は終始、神妙な雰囲気の下で行われ、時折感極まって涙を流す人も現れた。儀礼は昼前まで続けられた。

### 3 社会的位置づけ

現在のイランで自傷儀礼は、アーザリー地域や、サファヴィー朝時代におけるアーザリーの移住に由来する、エスファハーン近郊に位置するホメイニーシャフル、さらにはこれらの都市にルーツを持ち現在はテヘランで生活する人々の出身地コミュニティで行われている。そして、国家の権力の及ばないところで自傷儀礼の信奉者たちによって秘密裏に脈々と続けられているのである。

シーア派の居住地域では、アーシューラーの日には、街のあらゆるところでホセイン追悼儀礼が行われている（第一章）。筆者が住んでいた地区では、朝八時ごろから昼までさまざまなヘイアトがそれぞれ路上行進を始め、道路は行進や、それを見る人々で埋め尽くされる。追悼儀礼への人々の関与のありかたはさまざまである。当然、皆がこぞって参加するわけではない。体制に批判的な人の間では、儀礼自体が体制の支配の正当化として用いられ、人々から批判の力を奪うための道具になっていることを憂慮する語りも聞かれる。その一方で、儀礼の参加者のなかでも、イマーム・ホセインへの尊敬とイスラーム体制への支持を区別する語りもある。

儀礼への関与の度合いを問わず、イマーム・ホセイン追悼儀礼の一環として自傷儀礼が存在することは広く知られている。ただし自傷儀礼を行うコミュニティの外では、自傷儀礼が具体的にどのような手順で行われているのかはあまり知られていない。何らかの仕方で血を流すおぞましい儀礼という漠然としたイメージから、「ガメザニー」という名前を聞いただけで嫌悪を露わにすることが多い。前節で記述した自傷儀礼に筆者を連れて行ってくれた、タブリーズ出身で自身もアーザリーである三〇代前半の男性ジャヴァードは、「彼らは、なんて馬鹿げた、意味のない儀礼をやっているのだ!」と帰宅後に激しい憎悪を筆者に漏らしていた。彼自身は今ではホセイン追悼儀礼自体にも積極的に参加するわけでもなく、礼拝などの実践も行っていない。しかし少年期は宗教的で、イスラーム神学校であるホウゼで勉強しようと考えていた時期もあったという。

他にも、自傷儀礼を否定する理由はさまざまである。筆者が、二〇一七年に、地区に住む男性のたまり場となっているガフヴェハーネで行った聞き取りを行ったときには、自傷儀礼を否定する次のような見解があった。「クルアーンに書いていない」(五〇歳男性、テヘラン出身、高卒)、「イスラームでは身体に害のある行為は禁じられている」(四五歳男性、テヘラン出身、高卒)、「どんな理由であれ、自身を痛めつけたり、自殺したりすることはイスラームでは禁じられている」(五一歳男性、テヘラン出身、高卒)、「最高指導者のファトワーでガメザニーは禁止されている。だから、イスラームでも禁止(ハラーム)だ」(三八歳、男性、テヘラン出身、短大卒)。これらの聞き取りの結果からは、人々が法学権威のファトワーを参照したり、聖典を読んだり、あるいは少なくともそのような理由で自傷儀礼がイスラームにおいて禁止されているとの主張を伝聞することで、このような自傷儀礼を否定する見解に至ったと推測することができる。とはいえ第二章で論じたように、シーア派の法学権威はそれぞれが独立して並存し解釈権を行使する。したがって特定の行為についての見解が分岐することもありうる。まずは、そのなかで自傷儀礼がどのような地位にあるのかを確認する必要があるだろう。

## 三　言説的伝統のなかの自傷儀礼

### 1　イスラーム法上の地位

自傷儀礼のイスラーム法上の妥当性をめぐってはかねてから法学者（ウラマー）の間で議論がなされてきた。自傷儀礼の根拠としてしばしば引用される伝承がある。それによれば、イマーム・ホセインが殺されたのち、ホセインの妹であるゼイナブが敵に連れ去られラクダに乗せられて移動するなかで、槍の先端に切断されたホセインの首が掲げられているのを見て、悲しさのあまり頭を柱に打ちつけて血が流れたのだという。ただし現在ではこの伝承の根拠は弱いことが指摘されている［Sehati-sardrudi 1394: 273–278］。

人々の間で行われていた自傷儀礼の可否について、とりわけ一九二〇年代にシリア、レバノン、イラクのシーア派コミュニティで大きな議論が起こった。そのなかでも自傷儀礼を非イスラーム的であるとみなす代表的な論客が、レバノンのジャバル・アーミル出身でダマスカスに住んでいたシーア派法学者ムフスィン・アミーンである。彼は著作のなかで、自傷儀礼を容認・黙認する法学者たちを批判した。当時、他の一部シーア派法学者も自傷儀礼を批判していたのだが、人々に対してそれを説くことはなく、ムフスィン・アミーンの批判に対しても沈黙していた。その理由は、人々によって広く受け入れている自傷儀礼を禁止することで、法学者たちが大衆の支持を失うことを恐れているからだとムフスィン・アミーンは考えていた［Ende 1978］。彼の批判から始まった、自傷儀礼の可否を問う議論は当時、あくまでも法学者コミュニティの間にとどまり、実際に自傷儀礼をおこなう人々がそれを傾聴したり、人々の間で議論が起こったり、自傷儀礼を行うことを躊躇わせるものにはならなかった［Deeb 2006 : 132］。

現在のシーア派の主要な法学権威の見解には、自傷儀礼を完全に禁止とするものから、条件付きで容認するものま

表4－1　主要法学権威による自傷儀礼についての見解

| 法学権威の名前 | 拠点国 | ガメザニーに関する見解 |
|---|---|---|
| アリー・ハーメネイー*115 | イラン | 禁止。身体に害がある。シーア派の名を傷つける |
| マカーレム・シーラーズィー*116 | イラン | 禁止。身体に害がある。シーア派の名を傷つける |
| アリー・スィースターニー*117 | イラク | 追悼行為を毀損するようなことは避けなければならない |
| サーデグ・シーラーズィー*118 | イラン | 合法ないし推奨 |
| ホセイン・ヌーリー・ハメダーニー*119 | イラン | シーア派を弱体化させるので避けるべき |
| ムハンマド・サイード・ハキーム*120 | イラク | 心身に害がなければ可 |
| ホセイン・ヴァヒード・ホラーサーニー*121 | イラン | 現在では政治的に禁止 |

である（表4－1）。聖典クルアーンには「（……）あなたがた自身を、殺し（たり害し）てはならない（……）」（第四章二九節）との句があり、*122 自殺が禁じられることの延長として、自害行為も禁じられるとされる。法学権威による見解の分岐は、この自殺や自害の禁止の原則の適用範囲によっている。ハーメネイー師やマカーレム・シーラーズィー師のように、自傷儀礼は身体に害があると断定して禁止する法学権威がいる。加えて、シーア派の対外的な印象が悪くなるという理由も挙げられている。ヌーリー・ハメダーニー師やヴァヒード・ホラーサーニー師も、自傷儀礼を禁止するという立場であり、後者の理由を強調している。一方で自傷儀礼を許容している法学権威たちは、イスラームにおいて身体に害のある行為は禁じられている、ということには同意している。しかし、自傷儀礼はそれには該当しないから許されるという立場をとる。追悼儀礼で行われる自傷儀礼は死に至るような傷を負う行為ではないので、イスラームで禁止された害のある自傷行為には該当しないという論理である。たとえばイランを本拠地とするサーデグ・シーラーズィー師は、禁止される自傷行為として死に至る行為の他、身体の機能に支障が出る、生殖能力を奪うといった条件を挙げ、それらに該当

しなければ禁止されないとしている。自傷儀礼はよくても条件付きで許容されるということにとどまり、積極的に推奨されているわけではないという主張である。

例外はあるものの、**表4-1**に載せていない法学権威も含めて、イランを本拠地とする法学権威は基本的にイラン・イスラーム共和国の最高指導者でもあるハーメネイー師に近い、禁止という見解をとっている。それに対し、イラクにおいては、ナジャフを本拠地とし同国内にも多大な影響力を及ぼすスィースターニー師やハキーム師（二〇二一年九月に死去）をはじめとした法学権威たちが自傷儀礼について条件付き容認という見解をとっている。*123 こうした見解の分布の背後に、政治的な意図を見出すこともできよう。イラン国内ではハーメネイー師が最高指導者となって以降、国家権力によって法学権威に対する介入が行われていると指摘する論者もいることから［Walbridge 2001］、ハーメネイー師以外のイラン国内の法学権威の見解も、それに沿ったものになっていると推測することはできる。ただし何度か指摘しているように、シーア派法学の原則論から言えば、法の解釈権をもったムジュタヒドは相互に独立した存在で、独自に法学的根拠に従って見解を出すことになっている。したがって、介入の事実を実証することは難しく、事実上そのように推測されるという水準にとどまっている。

信徒の立場から見れば、自傷儀礼については、このようにシーア派の法学権威同士の間では議論が分かれるため、容認する法学権威に従い自傷儀礼を行うことに教義上の問題はない。ただし第三章で取り上げた音楽やダンスの事例と同様に、イラン国内の「公的な」場所ではハーメネイー師の見解に従って取り締まりがなされる。このような理由から、イランで自傷儀礼をおこなうためには、公権力の及ばないところで行う必要があるのである。

## 2　立証化と言説の外部としての自傷儀礼

本項では、前項でみた自傷儀礼のイスラーム法上の地位を踏まえ、自傷儀礼の実践とその否定を、「イスラームの客体化」ないし「立証化」の議論や、言説的伝統の議論との比較から考察する。

第一に、自傷儀礼をおこなう人と行わない人の分水嶺、さらにそれについての理由づけについて考えてみたい。一つの有力な説明はアイケルマンらが提唱した「イスラームの客体化」、すなわちムスリムの意識において「社会および政治的生活の多くの側面が、意識的な反省、議論そして討論にさらされるようになる過程」[Eickelman and Piscatori 1996 : 37] である。彼らがイスラームの客体化の一つの側面として挙げているのが、大衆教育やマスメディアの発達によって、より多くの人々が、何が正しいイスラームなのかをめぐる議論に参入するようになったという点だ。

レバノンにおけるホセイン追悼儀礼を扱った人類学者のラーラー・ディーブはイスラームの客体化に言及しながら、それを真正性をめぐる「立証化（authentication）」として議論する［Deeb 2006］。それは人々が「正しいイスラーム」に言及するようになる過程であり、ここでは特に自傷儀礼をイスラーム的に正しくないものとみなす過程を意味する。ディーブは、レバノン南部のナバティーイェにおける自傷儀礼を含んだ路上行進と、ベイルートにおいて自傷儀礼を排して行われる路上行進を比較することで、「伝統的」な仕方から「立証化」への変容が起こっていると主張している。

第二節の最後で取り上げた、自傷儀礼の反対者に関しても、この説明は一定の説得力を持つだろう。自傷儀礼の反対者のあげる理由は、自傷儀礼を禁止する法学権威を援用したり、あるいは聖典を読み、自分で自傷儀礼を否定する解釈を導き出したりするものであった。それに対して、筆者が儀礼の参加者の数人に、自傷儀礼を行う上で誰か特定の法学権威に従っているのか否かを尋ねたところ、彼らは特定の法学権威の見解を援用したり聖典上の根拠をあげたりするなどして儀礼を正当化しようとはしなかった。また、筆者をこの集団に紹介してくれたサーマーンによれば、自傷儀礼の参加者たちは普段、礼拝などのイスラームの義務を毎日やっているかも定かではないし、場合によっては密造酒を飲んだり売ったりしている人もいるという。サーマーンの証言の正確性には疑問の余地があるにせよ、自傷儀礼を行わない人々が法学権威や聖典の解釈を援用して自傷儀礼に反対しているのに対し、自傷儀礼を行う人々は自らの実践を正当化するために宗教的議論を洗練させようとはしていないということは指摘できる。ディーブのいう「立証化」は理論的には自傷儀礼を正当化する方向に働いてもおかしくないが、そのような自傷儀礼の実践者に関するデータは集めることができなかった。そこから暫定的にいえるのは、自傷儀礼を行うかどうかの分水嶺は、イスラームの客体化、とりわけディーブのいう「立証化」が生じているか否かにあるということだ。

第二に、自傷儀礼という事例は、アサドの「言説的伝統」［Asad 1986b, 2017（アサド 二〇二一、二〇二一）］という一元的なアプローチがうまく当てはまらない対象もあることを示している。言説的伝統という概念は、研究者が「知識人／民衆」といった外部からの区別を対象に当てはめることへの批判として提唱された［Asad 1986b（アサド 二〇二二）］。このアプローチを援用してエジプトの女性の敬虔運動を研究したマフムードは、異なる階層における多様な人々がそれぞれの勉強会でハディースに依拠しつつ「正しい」解釈を導き出そうとしていることを指摘した。それゆえ、これらは同じ言説的伝統の内部にあるものとして記述されている［Mahmood 2005］。しかし自傷儀礼の場合、これを否定する人々が法学権威等に強く依拠するのに対し、実践者たちがそれに消極的である点で、同じ言説的伝統に包摂されているとみなすのは困難である。むしろ両者の態度には言説的伝統に対する立場として際立った対照がみられる。また、自傷儀礼を否定するにしても、その理由が非常に簡素であることも無視することはできない。このことはそもそも自傷儀礼の行為自体が、肯定されるにせよ否定されるにせよ言説になじみづらいものであることを示しているように思われる。

第三に、イスラームの法学権威における自傷儀礼の禁止および消極的評価は、伝統的なカトリック教会に対峙するプロテスタントのペンテコステ運動や、その影響を受けてカトリック内部で成立したカリスマ運動に対するカトリック教会の立場とも比較可能だろう。異言などの個人の霊的体験を重視するペンテコステ運動は、既存のカトリック教会から異端として危険視されてきた［シュー土戸 二〇〇三］。教会が危険視したのは、ペンテコステ運動が広がることで、信者が聖書を介さず直接的に精霊と交流し、既存の宗教権威を必要としなくなる可能性があったためである。言い換えればカトリック教会は、信者の身体が教会による言説を通じた支配から逃れてしまうことを恐れたのである。ペンテコステ運動は一九六〇年代以後、カトリックにまで影響を与え、教会内部における刷新を指向するカリスマ運動として広がった［落合 一九九九］。カトリック教会とこうした運動との間には、宗教権威や聖書の言説と個人的かつ身体的な霊的体験をとりまく緊張関係がうかがえる。[*124] 第二章でみてきたホセイン追悼儀礼においても、過剰な身体動作を抑制し、儀礼中で説教も重視しようとする宗教権威と、説教の内容にはほとんど関心を示さずに激しくリズミカルな胸叩きを好む人々との緊張関係を確認した。「言説を通じた意味づけ作用」と「身体動作の強度」を対立する極として置き、そこにホセイン追悼儀礼を位置づけるならば、胸叩きの事例は「身体動作の強度」の側に位置づけられ、自傷儀礼はさらにその極端に位置づけられよう。これらはあまりにも身体動作の強度が過剰であるがゆえに言説の側から包摂されえず、したがって端的に禁止されるしかないのである。

いずれにせよ、このように自傷儀礼が宗教的に禁じられることとは別に、イランが国家として自傷儀礼をどのように禁止しているのかについても検討しなければなるまい。次節では、国家による自傷儀礼の禁止の論理とネガティブ・キャンペーンについて検討し、その背後にある論理を考察する。

## 四　国家による禁止の論理と宗教

### 1　近代国家による禁止の論理

先に、現在のイランでは公的な場におけるさまざまな振る舞いや行為が、ハーメネイー師の見解に従い、国家によって規制されていることを指摘した。タラール・アサドは、近代世俗主義国家について論じるなかで、「近代国民国家は個人の生のあらゆる側面を（……）規制しようとしている。そのため、宗教の信者であろうとなかろうと、誰一人としてその野心的権力との出会いを避けることができない」［Asad 2003: 199（アサド 二〇〇六：二六〇）］という。また、マフムードは、これまで近代化に伴う宗教領域から国家の退場として論じられることが多かった世俗化を、「宗教生活の実質的特徴を近代国家が再配置すること」［Mahmood 2013: 47］としてとらえ直している。こうした議論からわかるのは、いわゆるリベラル世俗主義国家に分類されるものであれ、そうではない国家に分類されるものであれ、近代の国民国家という制度そのものが宗教に対して大きく関与するという点である。その意味で、イランにおける自傷儀礼の禁止も、イスラームの言説的伝統という観点からだけではなく、国民国家による権力の行使という観点からも見ていくことができる。そうすることによって国民国家の形成と西洋化を目指したパフラヴィー朝と、革命後のホメイニー師による「法学者の監督」論に基づく国家という、イデオロギーの違いによりしばしば別個に議論されてきた二つの政治体制を共通した視座から考察することが可能になる。

自傷儀礼が国家によって禁止されたのは、イラン革命以前のパフラヴィー朝（一九二五―一九七九年）の時代であった。トルコ共和制を樹立したムスタファ・ケマル・アタテュルクに倣い、イランにおいて世俗化政策を進めたレザー・シャーは、国内のイスラーム法学者の権力を縮小させたが、人々の間に根づいていたホセイン追悼儀礼をやめさせようとはしなかった。しかしその例外が自傷儀礼であり、一九三〇年代には自傷儀礼だけが禁止された。レザー・シャーは、いち早くイランを近代化することで欧米諸国と対等な国家の建設を目指した。自傷儀礼を禁止したのは、これを続けることで儀礼の持つ野蛮なイメージが広がり、イランの対外的な地位が低くなると考えたためだとされている［Aghaie 2004: 53］。したがって、国家が自傷儀礼を禁止する理由の一つは、自傷儀礼が行われる様子に対して「野蛮性」や「後発性」といった否定的な視線が西洋社会から投げかけられることを防止しようとするためであるといえる。さらにこうした理由づけが成立する背景には、植民地主義的な視線の内面化があると考えられる。「野蛮な」当地の儀礼や慣習を文明化によって啓蒙しなければならないという価値は、植民地主義を構成する要素の一つである。それは、「人道的世俗社会」を建設する歴史のプロセスとして想像され、「人間性にもとる習慣」［Asad 2003: 109（アサド 二〇〇六：一四三）］を放棄させようとしてきた。イランの場合、実際に植民地化されることは免れたものの、欧米列強に対抗して国家建設を行うなかで、為政者がこの「文明／野蛮」の図式を内面化し「野蛮な」儀礼を排除しようと努めてきた。こうした事情が、自傷儀礼を禁止する理由を作り上げてきたとみることもできるだろう。

それでは、イスラーム革命以後はどうだろうか。革命以降では、主要なシーア派の法学権威、特に最高指導者のハーメネイー師によって自傷儀礼がイスラーム的に禁じられたが、これも国家による禁止の理由となっている。次に挙げる引用は、一九九四年に最高指導者ハーメネイー師が他の法学者たちの前で行った、自傷儀礼の禁止のファトワーを出した演説の抜粋である。*125

ガメザニーはねつ造された伝統です。これは神の教えではありませんし、神がこのような実践をお喜びにならないことには疑いようがありません。ここ二、三世紀の間、学者たちはガメザニーが違法であること、あるいは悪い行いであるということを公言する機会がありませんでした。しかし、現在はイスラームの秩序が存在しており、イスラームの顕現のための日であります。この高潔なイスラーム社会が、ムスリムに対してにせよ非ムスリムに対してにせよ、非合理で迷信深い諸個人の小さな集団として紹介されてしまうようなことはするべきではありません。

（一九九四年のハーメネイー師の演説*126）

このハーメネイー師の演説からは、自傷儀礼が追悼のための正統な行為ではないとされていることが読み取れる。そして、人々の間で行われていた自傷儀礼はかつて黙認されてきたけれども、イスラーム体制の確立した現在では、法学者が自傷儀礼の禁止を公言すべきであること、そして否定的なイスラーム表象として取り上げられるのを防ぐためにも、人々が自傷儀礼を慎むべきであることが主張されている。対外的な不名誉を気にする点は、パフラヴィー朝と同様である。しかしこの演説において注目すべきは、自傷儀礼は「宗教ではない」、「非合理で迷信深い」などと端的に否定されるにとどまり、その理由が詳細に説明されていない点である。ここではすでに自傷儀礼をよくないと考える聴衆が前提とされており、それに依拠して語りかけられているのである。

イランの新聞やニュースでは、毎年のように宗教的な追悼行為には該当せず迷信的であるという理由で、自傷儀礼を行わないことが推奨されている。そして実際に、少なくとも公的な場所からは排除され、不可視化されているのである。

## 2　ネガティブ・キャンペーン

イランの場合、イスラーム的な動機づけによる禁止が国家による自傷儀礼の禁止と同義になっている。ただし、法や国家装置あるいは君主権的な権力といった直接の暴力の行使に加え、自傷儀礼をしないようにする呼びかけもなされている。

自傷儀礼への否定的な視線を形成する装置として、献血を呼びかけるキャンペーンがある。[*127] たとえば「テヘラン輸血センター」は、モハッラム月一日から、サファル月の二〇日（イマーム・ホセインの四〇日忌でアルバイーンという。第三章参照）にかけて、献血を呼びかけている。献血には通常、「血の贈与（エフダーイェ・フーン *ehdā-ye khūn*）」という言葉が当てられるが、宗教的な意味が付与された献血には「ナズレ・フーン（*nazr-e khūn*）」との語が使われている。ナズル（*nazr*）とは神のために何か行為を果たすことで、願いがかなった際に実行されることが多い。たとえばモハッラムの追悼儀礼期間中に道路脇に設置される屋台で配られる食事はナズリー（*nazrī*）と呼ばれ、道行く人に施しとして分け与えられる（第一章、第三章参照）。このように、ナズレ・フーンでは神への奉仕の一環として献血をする、という意味が込められているのである。ナズレ・フーンはしばしば、宗教的な貢献のために、自傷儀礼を暗に批判し、それに代わって実践すべきものとして呼びかけられている。二〇一九年のモハッラムの時期に、隠れて自傷儀礼を行う人々が多いアルダビールを訪れた際も、街の中心には献血を行うバスの車両が停められており、献血を行う人々を見かけた。

**図４－２　対比される自傷儀礼と献血**

Twitter（@shiablooddonors）より（https://twitter.com/shiablooddonors/status/913144343741059072　2023年2月12日閲覧）

また別の団体では、SNS等で自傷儀礼の代わりに献血を呼びかけるキャンペーンを行っている。たとえばテレビ等で有名な演説家のアリー・アクバル・ラーエフィープール氏[*128]が始めた、「シーア派の献血（Shia Blood Donation）」というキャンペーンがある。Instagram や Twitter など複数のSNS上には、このキャンペーンのアカウントがある。そこでは輸血を必要とする人の写真が掲載され、イマーム・ホセインの名の下での献血が呼びかけられている。たとえば**図４－２**のような画像を用いた呼びかけもなされている。画像の左上に線を挟んで書いてある文のうち、上側には、「献血によって身体から出ていく血」と書かれている。そして画像の右側には、輸血によって血が補給される人が描かれている。線の下には、

「ガメザニーによって身体から出ていく血」と書かれている。そして左下には単に血が外に出ているだけの人が描かれている。どちらも身体から血を出す共通点のある行為だが、象徴的に描かれた人の顔から暗示されているのは、ガメザニーによって流される血に対して否定的なニュアンスが込められているのに対して、献血の場合には血が社会のために有意義に活用されるということだろう。

この献血の奨励キャンペーンは、西洋近代の世俗主義を推し進める権力とも結びついた、変化した感性への訴えであると指摘することができよう。アサド[129]によれば、自傷儀礼には、「苦への意欲的・積極的な関与をよしとしない近代の感性と衝突するものがある。なぜなら（……）苦行者にとって、苦痛とは、目的との関係において過度のものであるとか、無用なものとして計量され、言明されうるような単なる手段ではないからである」［Asad 2003: 121（アサド二〇〇六：一五六）］。ここで、自傷儀礼の禁止を支持する、「近代の感性」として位置づけられる主体は、苦痛を計量し、それを特定の目的の下でしか正当化せず、「「無用な」苦しみ」を拒絶するのである。宗教から暴力が排除されていく例としてアサドは、リベラル化されたキリスト教会の例をあげる。

> リベラル化したキリスト教会は、罰に値する過失のゆえに修道士が大修院長の命令によって鞭打たれるのを強く禁じている――たとえ改悛行に儀礼的な合意と劇的な性格がある時ですらそうである。たとえ修道士が自発的に修道院の服従の誓いを行っているとしても［認められない］。［Asad 2003: 122（アサド二〇〇六：一五七―一五八）］

献血キャンペーンの広告における自傷儀礼の無用性と献血の有用性の対比は、こうした「近代の感性」に基づいて正当化しうる目的を限定することを鮮明に表している。そこでは自傷儀礼で流される血は何の役にも立たないとみなされ、自傷儀礼の実践者が信じているところの、血を流すことの宗教的な価値は過剰なものとして扱われるのである。[130]

このようなシーア派の儀礼と献血キャンペーンの否定的な結びつきはイランの外部でも観察される。レバノンのシーア派の儀礼を調査したディーブも、ヒズブッラーによる献血キャンペーンを取り上げている[131]［Deeb 2006］。ディーブはホセイン追悼儀礼の様式の変化を近代性と結びついた「立証化」として議論した。ディーブが調査した南レバノンでは、伝統的に血を流しながら行う路上行進が行われてきたが、近年ではこれに対する批判が生じ、別の仕方での儀礼が推奨されるようになっているという。すなわちレバノンでは、九〇年代中頃からヒズブッラーが自傷行為を取り締まり、伝統的ではない仕方の儀礼が促されていくと同時に、献血が呼びかけられている。前述の通りディーブはこうした一連の変化を、政治的動員とともに、識字率や教育、都市化といった要因とともに考察した。[132]

また、英国におけるシーア派コミュニティでは、「イマーム・ホセイン献血キャンペーン（Imam Hussain Blood Donation Campaign）」というものが行われている。この運動は、一九九七年に英国で、大学生や若い専門職の人を中心とした「イスラーム統一協会（Islamic Unity Society）」というボランティア団体によって始められ、アーシューラーに際し献血を呼びかけている［Spellman-Poots 2012］。他方で英国社会でも、シーア派コミュニティのなかで自傷儀礼を行う人々が少数ながら存在する。二〇〇八年には、シーア派ムスリムが、子どもに自傷儀礼を強要したことによって、児童虐待の罪で有罪判決を受けた出来事がメディアでネガティブに報道されている。[133] 英国で暮らすシーア派の人々にとって、このようにシーア派がネガティブに表象されうることは生活と密接に関連している。スペルマン・プーツが参与観察を行ったところによれば、英国におけるシーア派コミュニティにおける献血キャンペーン自体が自傷儀礼に対する反対を公式に表明しているわけではないものの、参加者のなかには、シーア派は自傷儀礼に変えて献血を行うべきだと考える人も存在するという［Spellman-Poots 2012: 46–48］。

このように、シーア派におけるホセイン追悼儀礼の枠内で、自傷儀礼の代わりに献血を行おうという動きは国境を越えて観察される。これらがどのような起源で、いかなるネットワークを通じて成立したのかは定かではない。しかし、ここに共通してみられるのは次の二点である。第一に、各宗教コミュニティでは、自傷儀礼を実践（あるいは肯定）することで受けうる外部からの批判を想定し、その価値を内面化している。第二に、そうした内面化を通じて、コミュニティ外部においても「有用」とみなされうるよう、儀礼を再構成している。*134

## 3　国家による宗教の過剰性への対処

これまで近代国家として自傷儀礼を禁止する理由と、現在のイランにおける自傷儀礼に対するネガティブ・キャンペーンについて取り上げてきた。そして特に禁止の理由として、革命以前と以後に共通した「野蛮」の排除という価値の内面化があることを指摘した。最後に、こうした「感性の近代化」の議論とは別に、宗教内部における自傷儀礼の位置づけと、国家による統治において宗教的言説を用いることとの関係について考察する。そして、現在のイランはシーア派の言説的伝統と国家の統治が直接結びついているがゆえに、自傷儀礼の禁止がきわめて奇妙なものとなっている点を指摘したい。

前述のように、パフラヴィー朝時代には強く制限されていたホセイン追悼儀礼は、革命後には国家に支援されながら行われるようになった。第一章で取り上げた鎖叩きの事例や、第二章で取り上げた胸叩きの事例、そして第三章で取り上げた巡礼の事例を通じて見てきたように、ホセイン追悼儀礼は革命以前とは一転して、国家の理想的な国民像を体現する儀礼となっていった。とりわけ第二章の最後に取り上げた哀悼歌の事例が示したように、非宗教的とも考えられる要素すらも、一般信徒たちの支持を背景に儀礼のなかに組み込まれていくことがある。こうしたことを踏まえると、自傷儀礼がイスラーム共和国のなかで禁止されているという事態は奇妙である。

国家による儀礼の推奨を道具主義的な観点から位置づければ、自傷儀礼自体もそれを好む一定数の国民がいる以上、その篤い信仰心を体制の支持へとつなげる手段として国家は自傷儀礼を肯定することができる。もちろん、もし体制が自傷儀礼を公認し、その「野蛮」な外観をそのままにしておくとすれば、欧米諸国やスンナ派からの批判など、他者からの視線に対処することが体制の課題となることもありうる。しかし、そうした対処すべき「他者からの視線」も、ある意味では体制によって恣意的に選択されている。というのも、死刑制度や政治的逮捕といった問題も、外国政府や人権NGOから批判されてきたが、イラン政府は、西洋中心主義に対する独自の価値を強弁するという立場をとり、制度変更や問題への対処を行ってきていない［Afshari 2001］。それに対して、自傷儀礼は、こうした「罪」とは異なり、宗教的な信仰に基づいて行われ、その熱意は体制のイデオロギーと距離をとる世俗的な国民と比べてもはるかに体制の意図に沿うはずのものだが、禁止に帰結している。論理的には、国家が自傷儀礼を公認することで実践者の熱意を体制の支持基盤とすることも可能であったはずなのにもかかわらず、そうなのである。その場合、自傷儀礼には、これを「野蛮」とみなす西洋近代とは異なるイランの価値が付与されることとなろう。

　他方、言説的伝統の観点から見れば、シーア派のなかで自傷儀礼を禁止する学説が生み出され、特にハーメネイー師がその立場を取ったため、イランで自傷儀礼が禁止されたのだと説明することができるかもしれない。しかし前述のように、言説的伝統のなかで自傷儀礼を否定する理由をみると、そこでは否定的な修辞・表現が多用され、理由が詳細に説明されているわけではなかった。それらは、シーア派、あるいはイスラームの価値を共有していなかったとしても首肯できる、世俗的近代の通俗的な道徳観の範囲で論じられうるような理由であって、宗教権威としての見解としては説得力に乏しい。本章の議論からすれば、こうした説得力のなさは、身体実践の過剰性に対して、それを統制する言説の欠如を示しているといえよう。第二章で議論した、ポピュラー音楽の旋律が哀悼歌に流用される事例では、歌の旋律にダンスのような身体動作が加わっても、そこに付け加えられた歌詞によって、イスラームの言説的伝統に繋ぎとめられる場合があることを示していた。それに対して自傷儀礼には、そうした繋ぎの媒介となる言説が不在である。実践者も積極的な意味づけを雄弁に語ることがなく、「ヤー・ホセイン」など、名前や定型句を連呼するに留まっているのである。

こうした宗教的言説の代わりに国家が持ち出しているのは、前節でみてきたように功利主義的な価値に基づいて献血への転換を訴えるという、自傷儀礼に代わる新たな身体実践のキャンペーンであった。また、他のネガティブ・キャンペーンのなかには、近代医学に基づく衛生的な知見が持ち出されることもある。たとえば短剣を複数人で使いまわしたときに、B型肝炎やC型肝炎ウイルスに感染する恐れがあるといった警告が新聞等でなされる。[*135] もちろん、近代医療の知見は必ずしも広義のイスラームと相反するものではないが、少なくとも提示される際に強調されているのは近代医療の権威なのだ。このことが示しているのは、自傷儀礼をしないよう人々を説得する上で、宗教的言説の不在という限界に対処するために、国家が埋め合わせとして非宗教的な言説を「戦略」として持ち出すという事態なのである。

こうしたことは、イスラーム共和国という政体の特徴を示してもいる。アサドが指摘したように、自傷儀礼は、苦への関与を取り除くべきものとする「近代の感性」と対立する。他方でイスラーム共和国は、近代国民国家という枠組みをそれ以前の体制から継承しつつも、イデオロギーの面で、それとは本質的に矛盾した側面を持ちうるイスラームを採用した。それにより、一方で国家は宗教を自身のために利用しようとするが、他方で人々の宗教的な実践が、国家が統制する言説を逸脱し、その統制から逃れ、国家を脅かす可能性が生じた。国家はもはや、そうした可能性について特別に配慮せざるをえなくなっているのだといえるかもしれない。自傷儀礼の禁止やネガティブ・キャンペーンが示しているのは、国家権力や法学権威による言説に基づいた統制の限界が、図らずも宗教的言説の外部にある別の言説（たとえば医療など）を要請してしまうことを示唆している。

同様の事態は、近年のコロナウイルスに関係しても起こっている。二〇一九年一二月に中国で発見された新型コロナウイルス（Covid-19）は、以後、世界中で蔓延してきた。二〇二〇年二月二〇日にはイラン国内でも陽性患者が発見され、巡礼地における密集や聖者廟で不特定多数の人々が建物内部に触れる行為が感染拡大の原因として社会問題化した。そのようななかで、二月二九日から三月一日にかけて、ゴムやマシュハドの聖者廟の中で撮影された三つの動画がSNSや海外のペルシア語のニュースを通じて拡散された。そこでは、体制に好意的とみられる男性が自らの篤い信仰心を見せつけるかのように聖廟の棺の周りにある金属製の格子を舐める姿が映っている。撮影したのは、本人の同行者だと思われる。触れることによってイマームへの敬意を示したり、恩寵を得ようとしたりするために棺の周りの格子や聖廟の壁に接吻することはしばしばシーア派の人々の間で行われている。

しかし、舐めるのは過剰な行為である。撮影された当人は、コロナ感染の拡大は信仰の行為を妨害するための根拠のないデマであり、陰謀であるという趣旨の発言をしており、彼の行動はそれを、身をもって証明しようと意図しているように解釈できる。こうした動画は、感染症対策を真っ向から否定するものとして、ネット上で話題となり、とくにイスラーム共和国体制に批判的な国外のペルシア語メディアにおいて盛んに取り上げられた。そこでは、体制が科学的な知見を無視し、宗教を用いて国民を扇動していることの帰結であると批判されている。とはいえその後、すぐさまイランの国内メディアでも批判された。そこでは、舐めることはまったく非慣習的な作法であって宗教の堕落であるとする、ゴムの法学者の見解などが紹介され、結果として格子を舐めた人物も逮捕される事態となった。[*136] そしてなかには、海外の機関がイランを陥れるために動画を撮って拡散した陰謀だとする言説も散見される。[*137]

真相は藪の中だが、この出来事が海外からの工作でないとするならば、聖廟の格子を舐めるという行為が、自傷儀礼と同様に、言説には収まりきらない聖性との直接的な交わりを示す敬虔な実践だったとの解釈も成り立つだろう。興味深いのは、宗教的言説に基づいて統治する国家が、信仰する身体の過剰性に直面し、宗教的言説の外部を参照せざるをえなくなるという事態である。身体経験を言説によって抑え込もうとしても、それが貧弱な否定の語法にしかなりえないため、医療や陰謀論といった宗教外部の言説が呼び出されざるをえないのだ。

## 五　儀礼の逆説

本章では、テヘランにおけるホセイン追悼儀礼の一環として行われる自傷儀礼を事例として取り上げながら、当該社会における反応や国家にとって禁止されていることの意味について考察してきた。

自傷儀礼は公的領域での禁止にもかかわらず、アーザリー系住民の一部にはホセイン追悼儀礼の一環として行われ続けている。一方、イラン社会では非実践者のなかで、自傷儀礼の行為そのものに対する反発や嫌悪感が広がっている。この嫌悪感は通常イラン社会を論じるときに設定される、宗教的で体制を支持する人々と、非宗教的で体制に批判的な人々、という対立の図式を超えて存在するものであった。

シーア派の法学権威の間では禁止の判断が多く、特に最高指導者が禁止の立場を取っていることから、イスラーム共和国の統治の構造上、自傷儀礼は公的な場所からは実力で排除される。しかし本章では、宗教的言説において禁止の理由が説得的なものではないということを見てきた。自傷儀礼を禁止する理由は、否定の語法を多用したり、宗教的言説の外部でも共有されるような近代の感性に訴えかけざるをえないものとなっていたりするのである。そしてこのことは、身体実践に対する言説の限界を示している。

さらに言えば、こうした知見はアサドの「言説的伝統」というアプローチの限界を示してもいるだろう。序論でも触れたように、アサドは、人類学が実践よりも信念に重きを置く「宗教」概念に依拠してきたことを批判し［Asad 1993（アサド 二〇〇四）］、イスラームに内在する言説的伝統に着目するアプローチを提唱した［Asad 1986b（アサド 二〇二一）］。そして確かに、ムスリムによる信念と実践を言説に基づいて包括的に記述するという一貫した視座は、民族誌においても成果を上げてきた［e.g. Mahmood 2005; Hirschkind 2006］。しかしながら本章で取り扱った自傷儀礼の事例が示しているのは、言説的伝統がムスリムのあらゆる実践をうまく記述できるようなものではないという事実である。自傷儀礼の当事者も、それについて語る法学権威ですら、その体験そのものについての言語を欠いているのだ。そしてそのことはアサド自身が、近代の感性と対比させる文脈でシーア派の自傷儀礼の事例を取り上げた際、言説的伝統には触れずに、その実践の意義を推し量るに留まっていたことにも表れている［Asad 2003: 78, 121（アサド 二〇〇六：九六、一五六）］。エージェンシーと痛みについての議論のなかでアサドは自傷儀礼について次のように述べる。「キリストの受難やホセインの殉教といった儀礼的演劇には、付加的な次元がある。ここでの参加者は、キリスト教やイスラームの物語における人物の宿命的苦悶を演じ、それと同一化し、経験する。苦しみ（場合によっては自ら与えた傷）に自らを服従させつつ、彼らは一面において主体として全力を尽くそうと努める」［Asad 2003: 78（アサド 二〇〇六：九六）］。しかし、この「宿命的苦悶を演じ、それと同一化し、経験する」という記述は、決して実践者に内在した言説ではないのだ。

現在のイランにおける自傷儀礼の禁止には、パフラヴィー朝時代以来の外国からの視線の内面化という側面がある。また、献血キャンペーンのように功利主義的な価値に訴えかけることで、自傷儀礼を阻止しようとする働きかけもある。しかしながらそれ以上に本章で指摘したいのは、自傷儀礼が身体実践の過剰性を具現化するものであり、宗教的言説を越え出てしまうという事実である。本章が自傷儀礼の事例を通じて描き出してきたのは、宗教的言説に基づく国家が、身体実践の過剰性に直面して宗教的言説の外部にある別種の言説を参照せざるをえなくなるという逆説なのである。

2017年テヘランにて。男たちが横一列になって剣を右手に持ち，振り上げながら右向きに行進している

# 終章　服従と反抗のアーシューラー

イスラームの統治を「理念」と語ることにも、「理想」として語ることにさえ、私は困惑を覚える。だが、「政治的な意志」としては、イスラームの統治は私には印象的だった。それは、現今の諸問題に応えるべく、不可分な仕方で社会的かつ宗教的である諸構造を政治化しようとする努力であるということで、私には印象的なものだった。［フーコー 二〇〇〇：三二五］

本書では、イスラーム共和国という、宗教と国民国家を組み合わせた体制を敷いているイランで行われている、ホセイン追悼儀礼について考察した。とりわけ、この追悼儀礼と国家との関係を、カルバラー・パラダイムをめぐる道具主義と言説的伝統という二つのアプローチを組み合わせることで探究した。

流れに沿って要約すれば次のようになる。まず本書の主題であるシーア派のホセイン追悼儀礼とイランにおける歴史的展開そして、現在のテヘランでの具体的な事例（路上行進と鎖叩き儀礼）について概観した（第一章）。そして、イランにおける音文化をめぐる政治と連続したものとしての胸叩き儀礼（第二章）、国家による道具主義と超国家的な宗教的共同性の交錯点としてのカルバラー巡礼（第三章）、国家や法学権威によって禁止されている自傷儀礼（第四章）について、それぞれ独立した主題として議論した。また、横断的に理論的な主題を取り出せば、第二章で国家の統治と（宗教的）身体実践を通じた共同性の対立および、言説と身体実践の対立という相互に関連した理論的主題を導入し、それぞれ第三章および第四章で展開した。

この章では、まず本書の内容を振り返り、前述した理論的な主題に基づいて各章を横断的に再構成する。そして次に、理論的主題の射程について展開した上で、本書が採用した道具主義と言説的伝統の間のアプローチについての人類学的な意義について論じたい。

第一章では、本書全体の前提として、シーア派の教義と儀礼の重要性について概観し、イランにおける歴史的展開について論じた。そして、テヘランの南部で行われている路上行進と鎖叩きの事例を取り上げながら、現代イラン社会で地域と結びついたホセイン追悼儀礼の様子を描写した。

第二章では、イスラーム共和国体制における音文化の規制について、人々による実践を通じて、音文化が次第に許容されていく文脈に、胸叩きと哀悼歌の事例を位置づけた。まず宗教的言説に基づいて音文化を規制することで人々を統制しようとする国家に対し、人々が「戦術」を繰り出す様態を描き出した。そしてそこに見られる国家や宗教権威と人々の間の緊張関係が胸叩きという宗教儀礼にも見られることを論じた。

第三章では、現在行われているカルバラー巡礼が、言説的伝統としてのカルバラー・パラダイムと道具主義的な説明のどちらにも還元しつくされないことを論じた。近年再開されたカルバラー巡礼は、それを渇望してきた人々とその要求に応える国家の関与を含む政治情勢の変化によって成立している。国家を起点として見れば、イスラーム共和国体制や近年のイランの拡張的な対外政策を正当化するための道具としての巡礼という側面を見ることができるのに対し、巡礼を通じて立ち現れるシーア派の共同性に着目すれば、それは国家の道具主義的な意図を超えたものとしての巡礼という側面を見ることができると論じた。

第四章では、ホセイン追悼儀礼の一環として行われる自傷儀礼を事例として取り上げながら、当該社会の反応や国家による禁止の意味について考察した。自傷儀礼に反対する人々や法学権威の言説を分析することで明らかになったのは、自傷儀礼という身体実践の体験について直接的に言及する言説の不在であった。そしてそのことから、宗教的言説に基づく国家が自傷儀礼を禁止するために、埋め合わせ的に宗教的言説の外部にある別の言説を持ちだすことを余儀なくされるという逆説的な事態を論じた。

これらの章を横断的に再構成することで指摘可能な理論的主題のうち、第一のものは、国家と共同性の緊張関係である。全体と個を無媒介につなげることによる統治を指向する国家にとって、音文化やそれと連続したものとしての宗教儀礼を通じて立ち現れる人々の共同性は、国家の統制を阻害しうる潜在的な危険となる。そこで、国家は、自らの権力を通じて宗教的言説に基づきつつ人々の身体動作を管理するという「戦略」を駆使する。同時に「戦略」が行き渡る場所は「戦術」が繰り出される場でもある。第二章ではダンスを規制しようとする国家とそれをかいくぐってダンスをする人々の間の緊張、さらには音楽を規制するとともに激しい胸叩き儀礼を望ましくないものと位置づけようとする法学権威と、ポピュラー音楽を宗教儀礼のなかに組み込んでいくことで音文化と結びついた身体実践を達成する人々との間の緊張を描き出した。第三章でみた巡礼の事例は、宗教儀礼を通じて立ち現れる共同性の外縁が国民国家の外縁を超え出てしまうという側面であった。カルバラー巡礼では、モハッラム月やアルバイーンの時期に国内で行われている宗教儀礼や施しという利他的な実践（第一章）を、国外のシーア派信徒とも共有していることが顕在化する。したがってカルバラー巡礼には、巡礼を望む国民の要求に応えることで、国家が巡礼を道具主義的に用いて人々を統制するとともに、地域の覇権を確立しようとするという側面もあるが、その一方で巡礼が作り出す国家の外縁を超えた共同性は国家の意図を超えたものとしても立ち現れる。このことは国民国家とシーア派イスラームを結びつけたイスラーム共和国体制というあり方に内在する潜在的な二重性を示しているといえよう。宗教に基づく運動によって成立したイランの体制の権威は宗教儀礼を通じた人々の共同性によって担保されている一方で、その共同性は国家を超えたものに突き動かされて国家の意図を超えうるものでもあるのだ。

第二の理論的主題は、言説と身体の間の緊張関係である。一方で国家は、宗教的言説を管理することで、宗教儀礼を自身の統制化に置こうとする。しかし人々は、身体動作を伴う宗教儀礼により、国家の管理をすり抜けようとする。第二章でみてきた音文化の規制やマッダーフの国家による管理の事例を通じて指摘してきたように、「戦術」が繰り出されうる共同性は身体動作によって立ち現れる。そこで国家は音楽やダンスについてイスラーム法に基づいて統制し、法学権威は望ましい儀礼のあり方やマッダーフの条件を規定してきたのである。つまり予測不可能な人々の身体を、国家は宗教的言説によって統制し、また身体実践はこうした統制を逃れる形で存在するのだ。第四章では、このように統制を逃れようとする身体動作が最も過剰になるといえる自傷儀礼の事例を取り上げた。その結果明らかになったのは、儀礼を規制しようとする国家も宗教権威も、実践者にとって言説的な意味を超越した身体実践に対して、宗教的言説によっては十分に対処することができないという事実なのである。その帰結は、過剰な身体実践を直接語る宗教的言説の不在に直面した国家が埋め合わせとして功利主義的言説や医療言説を持ち出すという事態であった。これはイスラーム共和国体制という宗教的言説に依拠する国家の逆説ということができる。

これら二つの理論的主題として本書がとりわけ強調してきたのは、追悼儀礼において人々の間で生まれる共同性と、身体動作がもたらす過剰性である。こうした人々の共同性と身体の過剰性は何を意味するのだろうか。試論にとどまるが、これはフーコーの「政治的霊性」によって説明が可能かもしれない。箱田によれば、一九七〇年代後半におけるフーコーのイラン訪問は、臣従化［＝従属化］技術に関する統治権力の分析から、自己の主体化、さらには「自己への配慮」への問題関心の移行と重なっている。フーコーは、他者を導く司牧権力があるところには、それと同型の自己を導く抵抗があるとし、それを「対抗導き」と名付けた。それは、既存の導きを拒否することや、別の導きを求める運動として捉えられるという。そして、革命前のイランの国家が統治機構に組み込んだイスラームの導きに対して、その国の内部で姿を現すとされるのが、「イスラーム的統治」[*138]と呼ばれる、集団的意志、対抗導きであるという。そしてフーコーは集団的意志ないし対抗導きという政治的次元を含みこんだ形での宗教性としての「政治的霊性」を、イラン革命の民衆蜂起のなかに見出したのである［箱田 二〇一三］。こうしたフーコーの立場は、革命後のイスラーム共和国体制を肯定していたわけではなく、あくまでもその宗教運動が起きた瞬間に向けられたものだった。[*139]

このフーコーの「政治的霊性」は、シャリーアティーのいう、「黒いシーア派」(「体制化したイスラーム」、「サファヴィー朝のシーア派主義」)に対するものとしての「赤いシーア派」(「動的イスラーム」、「アリーのシーア派主義」)［村山二〇一八］、そしてベルクソン［一九七七］がいう、「静的宗教」に対する「動的宗教」に相当するだろう。そして本書の用語でいえば、服従と反抗という二つの様態である。そこで重要なのは、こうした二項対立においてその両者が他方に対抗する形で自己形成していくという弁証法的な関係にあるということだ［Wagner 1986 : 25］。そして制度化された宗教と「政治的霊性」の関係もそのような運動として捉えられるだろう。本書ではそうした関係が、胸叩き儀礼や巡礼、自傷儀礼などの宗教儀礼の事例において、国家や法学権威および人々をそれぞれ極と置いたときにその両極の間に見出されることを示してきた。筆者が主張したいのは、フーコーが見出した「政治的霊性」が、現在のイランで行われているホセイン追悼儀礼のなかにも痕跡として見出されるということなのである。制度化された宗教と「政治的霊性」、つまり服従と反抗という二つの様態の弁証法的な運動を捉えるためにこそ、序論では道具主義と言説的伝統の間でカルバラー・パラダイムを検討したのだ。

序論で示した通り、フィッシャーはそもそもカルバラー・パラダイムを、この二つの議論にまたがる意味で使っていた。すなわち、そこに人々が内在していて、そのなかから政治的行為もまた生み出されるという意味と、為政者が宗教的象徴を用いることで、人々を統制することができるという意味においてである。このように相反する原理をフィッシャーが混ぜて用いていたことは、彼にとってどちらか一方の原理だけでは十分に言い表すことのできない対象を捉えようとする苦肉の策であったのだろう。本書でのアプローチは、フィッシャーがなぜ自身の議論に矛盾を内在させる形でしかそのことを表現することができなかったのかということについて、フィッシャー個人の過失を責めるというよりも、人類学に属する分析概念自体の限界として問い直す意義を持つ。

本書がとったアプローチの人類学上の理論的な意義は次のように記述することができる。以前筆者が社会学者のニクラス・ルーマンの社会システム論に従って論じたのは、西洋近代の学システムの下位システムとしての人類学がその対象としての「他者」に対して取りうる戦略は三通りあるということである。すなわち第一に、学システムが自らのなかに遡及的に見出す、前近代の未分化のシステムを「他者」に投影するという、社会進化論アプローチ、第二に「普遍的」な「近代性」と個別的な文化との関係に着目する、多文化主義アプローチ、そして第三に「私たち／彼ら」という二項対立（binary）を設定し、両者の意味論的な差異を通じて「私たち」の分析・説明概念の不十分さ、すなわち学システムによる観察の盲点の存在を示す二項対立アプローチである。それぞれの人類学者が人類学において何を優位とみなすかについての見解の違いはあるにせよ、システム論の見地からは学システムの働きとしてこれらの三つのアプローチは機能的には等価である［Tani and Sakai 2020］。

序論で批判的に検討した道具主義と言説的伝統は、それぞれ第二のアプローチと第三のアプローチに相当する。この二つのアプローチは、それぞれ互いの不可視の部分を明らかにすることで、他方に対する自身の優位を示すことができる関係にある。[*140] すなわち、道具主義は言説的伝統に内在したままでは捉えられない宗教の手段化を、言説的伝統アプローチは道具主義が看過する宗教に内在した統治の技法を明らかにする。本書では両者のアプローチがもたらす異なったパースペクティブを相互に行き来しながら対象に迫った。本書の対象としたホセイン追悼儀礼は、どちらか片方のパースペクティブから観察しても一定の像を結ぶが、それでは常にある部分が捨象されてしまう。[*141] 本書が提示したのは二つのパースペクティブの間を交互に横断するという新しいパースペクティブである。そしてこのパースペクティブは、序論でも言及したように、儀礼に従事する人々自身が有するパースペクティブを学システムのコミュニケーションとして翻訳し再現したものでもある。本書で真剣に（seriously）対象としたのは、イスラーム共和国のなかで宗教儀礼に内在するパースペクティブの二重性であり、そしてそれと両義的に関わりながら生活する人々なのだ。[*142]

このようにしてホセイン追悼儀礼にアプローチすることで本書は、イスラーム共和国という統治体制に内在する国家と宗教の間のダイナミズムを描き出そうとしてきた。それは宗教儀礼の身体動作を通じた共同性が、体制を存続させるものとして作用すると同時に、それを揺るがしうる潜在性をも内包する両義的なあり方なのである。こうしたホセイン追悼儀礼の名伏し難さこそが、現在もなお多くの人々を惹きつけ魅了する要因の一つであることは間違いない。

# 注

## 第1章

＊1　憲法の条文は政府のウェブサイトを参照（https://rc.majlis.ir/fa/content/iran_constitution　二〇二一年四月一日閲覧）。

＊2　一般にムスリムの集団を束ねる者を意味し、現代のスンナ派では礼拝導師の意味であるが、シーア派ではスンナ派におけるカリフに相当する。一二イマーム・シーア派では一二人のイマームだけを指すが、イランでは敬意からイラン革命の指導者であったホメイニー師もイマームと呼ばれる。なおペルシア語では「エマーム」と発音されるが、すでに日本語でも定着した語であることを踏まえ本書では「イマーム」と表記する。

＊3　この点、イランのマイノリティに相当する、イスラーム・スンナ派のエスニック集団の大多数の人々は、そもそも本書で取り上げるシーア派の世界観や儀礼の外部にある（第一章、**図1-2**参照）。そのため「イラン社会」と冠して論じてはいるものの、こうした人々があらかじめ考察の対象外となってしまっていることは限界として認めなければならない。

＊4　こうしたフーコーの立場は後に、進歩主義者による第三世界への願望の投影として批判されることとなった［Afary and Anderson 2005］。しかし現在では、そうした批判には還元されないものとして、フーコーが運動のなかに見出した「政治的霊性」を思想的に汲み出そうとする研究もある［Ghamari-Tabrizi 2016；箱田 二〇一三］。

＊5　アルギュルゥ［Argyrou 2000（アルギュルゥ 二〇二二）］は、同一性に訴えることで自民族中心主義を批判する人類学——彼は民族学と呼ぶ——が、まさにその瞬間に、その批判そのものが他の主張と区別されるという意味で、別の自民族中心主義に陥ってしまう逆説について論じている。

＊6　アサドは、言説的伝統が「宗教」あるいは世俗的自由の欠如の同義語ではない［Asad 2018: 92］と主張しているので

あるが、邦訳版である『リベラル国家と宗教』では、訳者が「言説的伝統は、宗教の同義語、あるいは、世俗的自由の欠如の同義語である」［アサド 二〇二一：一三四］と誤訳し、あとがきでもそのように説明してしまっている。

＊7 とはいえ、第四章ではこうしたアサドのアプローチにも一定の理解を示しつつ、自傷儀礼という対象について、言説への着目の限界があることを指摘する。

＊8 これは、かつてロシア革命の後、世界規模で社会主義革命を起こさなければならないとする世界革命論に対して、スターリンが一国社会主義を唱えたことと形式的に類似する。

＊9 実際にイスラーム共和国は、それ以前のパフラヴィー朝から官僚機構を受け継いでいる。ホメイニー師は、かつて著書のなかで官僚制の煩雑な手続きについて批判していたのであるが［ホメイニー 二〇〇三：五一］、革命後四〇年が経った今でも――筆者がフィールドワーク中に体感したのはその少し前になるが――イスラーム共和国において煩雑な官僚制の問題が解決されているようには思われない。

＊10 ただし介入を実証することは難しい。というのも法学権威の見解は内的には自己完結しているため、外的な要因が入る余地がないからである。このことは近代法における法実践を分析する上での、法学的観点と法社会学的な観点の対立とも類似する。ラトゥールがフランス国務院のフィールドワークを通じて論じたように、法社会学は法の外部の要因（世論のたかまりなど）によって法解釈の変化を説明しようとするのに対し、法の実務に携わる人々にとっては法的な整合性が重要で、法解釈が変わったように観察される場合であっても、法内部の論理で完結するため、変化自体に外部の要因の入る余地はないのである［ラトゥール 二〇一七］。

＊11 ここで儀礼と訳されている「*marāsem*」はアラビア語に由来し、「*marsūm*」の複数形で、「慣習」（*rasm*）となったもの、さらには「命令」や「規則」を意味する。「*rasm*」は元々「描くこと」、「図式」を意味するが、そこからさらに「規則」や「儀式」の意味が派生した。同義語として、「*āīn*」や「*manāsek*」も用いられることがある。アサドは英語における「ritual」が一八世紀には行為を規制する台本という意味を持っていたと指摘している［Asad 1993: 56（アサド 二〇〇四：六二―六三）］。その意味においてアラビア語の儀礼概念にも共通するものがあると言えよう。

＊12 スンナ派は、「アッラーのほかに神はなし。ムハンマドはアッラーの使徒である」という句を唱える。シーア派ではこれに加え、「アリーはアッラーの友である」という句を加える。

＊13　ただしシーア派では五回の礼拝（朝、正午、午後、日没、夜）のうち、スンナ派がそれぞれ別々に行っている正午と午後、日没と夜の礼拝を、正午と日没のときにそれぞれまとめて二回続けて行うことが多い。

＊14　そのためヒジュラ暦一月一八日はエイデ・ガディールと呼ばれ、シーア派最大の祝祭日となっている。

＊15　この二つの様相は、アリー・シャリーアティーの議論にも対応している。シャリーアティーは、それまでのサファヴィー朝時代に国家に活用された、「体制化したイスラーム」としてのシーア派を喪の「黒いシーア派」として位置づけたのに対し、シーア派の発端である、初代イマームのアリーが目指していたとされる理想としての「動的イスラーム」を「赤いシーア派」として位置づけた［村山 二〇一八］。

＊16　なお、シーア派における儀礼はホセインだけにとどまらず、預言者ムハンマド、妻のファーティマや一二人のシーア派イマーム（まとめて、一四人の無謬者（*chahārdah-e ma'ṣūm*））に関連して誕生日や命日に、その他重要な出来事のあった日にそれぞれ行われる。

＊17　「*daste*」は本来、後に述べる *he'yat* と同様に「集団」を意味する語であり、厳密には路上行進（procession）を意味しない［Masoudi 2018: 61］。しかしながら、「追悼の集団（*daste-ye 'azādārī*）」は主に、追悼の行進に言及して用いられ、集会に言及する際には用いられることが少ないため、行進している集団をさす語としてよいだろう［cf. Mohaddesi 1391: 189–190］。

＊18　シーア派の儀礼は、イランやイラク、レバノン、サウジアラビア、バーレーンなど中東諸国や、インドやパキスタン、アフガニスタンなど南アジア諸国シーア派信徒の間で行われているほか、こうした国々から欧米への移民の間でも行われている。また広義には、トリニダード・トバゴなどの旧英領植民地においてインド系移民によって行われるホサイも含まれる［Korom 2003; Chelkowski 2010］。

＊19　ただしイラン東北部のマシュハドの近郊に住む人々はスンナ派である。

＊20　IRNA, 10 October 2016（「デズフールにおける追悼儀礼である、チューブ・ザニー［＝チューブバーズィ］には国家登録される資格がある」https://irna.ir/xjhdYm　二〇二三年二月一二日閲覧）.

＊21　一九六〇年代に作られたイランで最も大きな墓地である。イラン・イラク戦争の戦死者が殉教者として埋葬されている区画がある。また、革命政府に反対した人々が埋葬されている区画もあるが、質素な墓石がおいてあるだけで一見荒れ

地のように見える。

＊22　たとえば「教授会（*hey'at-e elmī*）」や、「内閣（*hey'at-e dowlat*）」といった用法がある。宗教儀礼を担う集団の意味で用いられる際には「追悼のヘイアト（*hey'at-e 'azādārī*）」や宗教のヘイアト（*hey'at-e mazhabī*）あるいは単に、ヘイアトと呼ばれる。また「ヘイアトに行く」といった用法に見られるように、集団によって開かれる集会そのものを指すこともある。

＊23　このほか知識人の集会など、人間関係の構築という観点からみた集会の分類は椿原［2008］の論考に詳しい。

＊24　筆者が主に調査したヘイアトでは、儀礼を行うのは男性だけであったが、二〇一九年に人類学者の椿原敦子氏の紹介で訪れたF広場の近くにあるヘイアトでは、男性が儀礼を行っている隣で、布で隔離された空間で女性（多くの場合、儀礼に参加している男性の配偶者）が参加していた。

＊25　英語名称は Islamic Development Organization であるが、ペルシア語を直訳すれば「広告機構」となる。

＊26　イスラーム発展機構によるヘイアト登録サイト（http://tooba.tdm-ido.ir/regHeyat.aspx　二〇二三年二月一二日閲覧）

＊27　PopulationStat (https://populationstat.com/iran/tehran　二〇二二年一二月一八日閲覧).

＊28　ペルシア語のカタカナ表記に倣えば「テヘラーン」とするのが適切であるが、本書中では慣用的に「テヘラン」という表記に統一することとする。なお「キャルバラー」についても同様に「カルバラー」としている。

＊29　一般にテヘランに住む外国人駐在員の多くは、大使館や企業のあるテヘランの北部に住んでいる。また、大バーザールの近くには安宿も多く、外国人観光客が多く訪れるエリアもある。一方、筆者が居住していた地区では「外国人」を見かけることはほとんどなかった。ここでは、筆者の外見は特に通行人の注意を引くものであった。しかし地区の儀礼を担っている人々には住民としても認知されていたので、筆者の外国人としての特性はラポール形成に肯定的に作用したと思われる。

＊30　ペルシア語では、任意の日の夜の言い方には二種類あり、たとえば金曜の夜（*shab-e jom'e*）と金曜夜（*jom'e-shab*）という二つの言い方がある。前者は金曜の前夜、すなわち私たちにとって木曜の夜のことを指すのに対し、後者は金曜の夜のことを指す。

＊31　ターレビーネジャードは、イランの各地でホセイン追悼儀礼について制作された大量の記録映画を分類し批評を加えている［Talebinezhad 1393］。儀礼の多様性を網羅的に知るうえできわめて有益な資料である。

＊32　二〇一七年二月二五日にエスファハーンのナグシェ・ジャハーン広場のバーザールを訪れた際、偶然、アラーマトのための彫像を制作し販売している工場を見つけ、職人から話を聞く機会があった。彼らはアフガニスタンからのハザーラ系移民であった。彼らによれば、かつては彫像造りもイラン人が行っていたのであるが、近年は重労働を嫌うイラン人の間では行われなくなった。そこで現在ではこの仕事をハザーラ系移民が担っているのだという。

＊33　二〇一三年一二月にアルバイーンの日に観光のために友人と共にシーラーズを訪れた際、早朝に住宅街を歩いていると、アーシュレシュテという緑の野菜を煮込んだスープに細切れうどんのような小麦粉製の麺の入ったスープを食べるように言われた。当時はまったく意識していなかったが、まったく見知らぬ人にも施しの食事を与えることを、与えられる側から実際に体験していたのである。

＊34　モハッラムの時期には施しの食事があるから料理をする必要がない、というジョークもよく聞かれる。またアーシュラーの前日にはレストランなどでも食事を配ることがあるが、多くのイラン人が列を作って施しの食事をもらう一方で、本当にそれが必要なはずの貧しい人々に行き渡らないことを風刺するイラストが新聞に掲載されたり、ＳＮＳで流通したりする。

＊35　民間信仰では、屠殺された動物の血を新生児の額に塗ると新生児を災いから護ることができるとされており、実践する人が散見される。

＊36　ペガヌムハルマラあるいはシリアンルー（*espand*）の種子を炭火で燃やすことで出る煙は、他人の嫉妬などにより不幸をもたらすとされる、邪視を除ける効果があるとされている。新生児が生まれた際や供犠の際などに行われる。他にも携帯型の炉をもった物乞いも目にすることがある。イランでは新生児が生まれたとき、新しく家を建てたとき、新しい車を購入したときなどに広く行われる［谷 二〇二〇ａ］。

＊37　サラヴァートはアラビア語で礼拝を意味するサラート（*ṣalāt*）の複数形で、祈願のために頻繁に唱えられる次の句を唱えることである。「神がムハンマドとその子孫を祝福し、（イマーム・マフディが到来して）贖罪（の日が来るの）を早めますように（*Allāhumma ṣalli ʿalā Muḥammadin wa ʾāli Muḥammadin wa ʿajjil farajahum*）」。イランではアザーンや礼拝の際などに、預言者ムハンマドの名前が言及された際や願かけをする際にこの句が唱えられる［Thurfjell 2006: 31］。一人が唱え始めると、周りにいる人も便乗して重ね合わせて唱える。

＊38　クリフォード・ギアツがバリの闘鶏について論じたように［Geertz 1973］、ホセイン追悼儀礼もそれ自体がイラン社会を体現し、また人々がそれを読み込んでいるということができるかもしれない。

## 第2章

＊39　The Guardian, 9 July 2018（「Instagram上の自分のダンスの動画によってイランで女性が逮捕される」https://www.theguardian.com/world/2018/jul/08/iran-woman-arrested-instagram-video-dancing　二〇二三年二月一二日閲覧）.

＊40　バスィージの正式名称は「抑圧された者の動員組織（*sāzmān-e basīj-e mostaz'afīn*）」である。学校や職業団体など、各集団のなかで組織され、体制が主催する行事の運営や奉仕活動、さらには治安維持活動に従事している［e.g. Golkar 2015］。

＊41　革命前にはテヘラン大学神学部の教授を務めており、革命期に革命推進に指導的役割を果した。革命後に革命評議会委員に任命されるものの反聖職者支配を掲げる過激派集団によって暗殺された。

＊42　このように権威主義的な体制の下で禁止されていたはずの音楽ジャンルが意味をずらしていくことで生き残っていくことについての事例が、ロシアの人類学者であるアレクセイ・ユルチャクによる後期ソ連時代の社会生活についての民族誌にも描かれている。ユルチャクは、権威主義的なイデオロギーに従った行為の意味が変化・拡大し、イデオロギーとの乖離が大きくなった状態を「パフォーマティヴ・シフト」と名付けて、ソ連の「崩壊を可能かつ予想外にしたシステムの作動原理」であると議論した［ユルチャク 二〇一七：五］。イランでも類似事例は見られるが、すでに崩壊したソ連の場合と異なって、その政治的効果の検証は歴史に委ねられている。

＊43　Tasnim News, 10 October 2020（「シャジャリヤーンの芸術の経歴回想」https://www.tasnimnews.com/fa/news/1399/07/19/2364366/نگاهی-به-کارنامه-هنری-شجریان-از-آغاز-تا-رنگ-های-تعالی　二〇二三年二月一二日閲覧）。

＊44　Tasnim News, 8 October 2020（「大統領がシャジャリヤーンの死去に追悼の意を表した」https://www.tasnimnews.com/fa/news/1399/07/17/2365685/رئیس-جمهور-درگذشت-شجریان-را-تسلیت-گفت　二〇二三年二月一二日閲覧）

＊45　憲法第一一〇条では、最高指導者が放送局の長を任命することが規定されている。

＊46　イランにおいて法律による義務としてのみヘジャーブの着用をしている女性も少なくない。そうした人は家の中や、

飛行機で離陸した後などにヘジャーブを取り外す。またこうしたヘジャーブ着用は人間関係の距離感に応じて変わることもある。たとえば、筆者のある友人の母親は、自宅を訪れた際に白い生地のチャードルをまとっていたが、次第に何もまとわずに応じるようになった。

＊47　ハーメネイー師のウェブサイト（「踊り」https://farsi.khamenei.ir/treatise-content?id=100&pid=100&tid=-1　二〇二一年四月二日閲覧）より。

＊48　BBC, 27 May 2018（『ダンス』に類似していることを理由として、イランで耳の不自由な人々による上演が邪魔される」https://www.bbc.com/persian/iran-44271013　二〇二三年二月一二日閲覧）.

＊49　筆者が居住していた地区では数日前から路上で爆竹が売られていた。やんちゃな少年たちは購入した爆竹の火薬を詰めなおして爆発物を作り、チャハールシャンベ・スーリーの日の夕方になると路上で爆発させていた。

＊50　筆者たちの前でも彼らがそのように振舞ったのは、外国人であったということも大いに関係しているだろう。もし、イラン人の同行者もいたならば、そしてとくにその人が宗教的な敬虔さを示唆する特徴を有していたら（男性であれば顎鬚が生えている、女性であればチャードルを着ているあるいはヘジャーブを髪の毛が見えないように巻いているなど）、この中学生たちは異なる仕方で振舞っていただろう。

＊51　このヘイアトの代表の男性はスポーツクラブを経営している。二〇一七年にはモハッラム月の一連の儀礼の最終日に、ヘイアトの活動に貢献したメンバー数人を称えてスポーツウェアが贈呈された。

＊52　泣くという行為は儀礼自体に含まれているといえる。そこで、彼らは実際に泣いているのか否かを問いたくなるかもしれない。デュルケームはかつて、「喪は個人的情動の自発的な表現ではない」［デュルケーム 二〇一四：三四三］とした。それに対して、エバーソールは涙の真正性を問題にすること自体が、ブルジョワ的個人主義的啓蒙主義に由来した問いであると指摘する［Ebersole 2000 : 214］。エスファハーンにおけるホセイン追悼儀礼を調査したトゥールフィエルは、儀礼における涙を流す行為について検討するなかで、これを、儀礼的に涙を流すことが強要されるために「本当の悲しみ」ではないという議論と、儀礼をホセインの悲しい話を聞いて涙を流すことができる主体を自己陶冶する実践とする議論を紹介している。その上でトゥールフィエルは、個別の事例において泣くという実践が両方の極の間の緊張関係として見られることを指摘した［Thurfjell 2006 : 95–129］。

＊53　ハーメネイー師のウェブサイトより（「追悼儀礼の法規定について、聴衆からの法的な質問への回答」https://farsi.khamenei.ir/news-content?id=27988　二〇二三年二月一二日閲覧）。

＊54　墓石の上を歩く行為はしばしば散見される。たとえばテヘランの南部にあるシャフレ・レイにあるシャー・アブドルアズィーム廟の境内には、床面の舗装に混じって墓石が埋められている。多くの参詣者は気に留めることなく墓石を踏みつけていく。一方で、筆者は墓地を訪れたときに踏みつけることが望ましくないと語るのを何度か聞いたことがある。

＊55　その他、マッダーフをすることで金銭を受け取るのはよいが、それが目的になってはならないということも挙げられている。

＊56　ハーメネイー師のウェブサイトより（https://farsi.khamenei.ir/speech-content?id=34567　二〇二三年二月一二日閲覧）。

＊57　Khabar online, 2 November 2013（「女性の歌は禁止か」https://khabaronline.ir/news/320418　二〇二三年二月一二日閲覧。）

＊58　イラン南東にある、ペルシア湾岸の港湾都市であるブーシェフルでは、女性のマッダーフがいる。

＊59　その儀礼では哀悼歌に合わせて、座りながらゆったりとしたペースで胸を叩いていた。また、一部の立ち上がっていた人たちは背中の肩甲骨の部分がくりぬかれて肌が見えるようになっている黒い服を着て、鎖を打ちつけていた。長時間打ちつけていた者のなかには肌が紫色に変色している者も観られた。

＊60　二〇一八年に、筆者がテヘランの南北を走る満員のＢＲＴ（高速路線バス）に乗っているときに、たまにバスに出没することで有名な高齢の男性が「時代の醜聞」を歌いだす出来事に遭遇した。男性は歌の途中から乗客にも一緒に歌うことを促し、一部の客もそれに合わせて歌いだすという一幕があった。唄い終わったのち、男性はお金がなくて生活に困っているということを訴え、一部の乗客が紙幣を渡していた。この事例は音楽もまたダンスのように共同性を形作る側面を持つことを示している。

**第3章**

＊61　筆者が二〇一八年にイラクのバスラの街で出会ったイランのシーラーズから来た三人の若者はナジャフにも立ち寄るつもりであると述べていたが、そこがイマーム・アリーの廟があるがゆえに重要視されている都市であることをそのときは知らなかった。

*62 この際、一行はゼイナブらが哀悼のために集まっているのを目撃する。これが哀悼集会の起源でもあるという。

*63 シーア派教義においてホセイン廟への参詣が推奨されるのはアルバイーンの日だけではない。詳細はナカシュや守川の論考［Nakash 1995: 163–164; 守川 二〇〇七：二六］に詳しい。

*64 ここから守川は当時のイランの主要都市の人口の約一パーセントに当たる一〇万人がアタバート巡礼を行ったと推測している［守川 二〇〇七：五三］。

*65 一九一九年に英国行政官は戦後再び巡礼者の数が元に戻ると予想していたが、その予想は外れる。実際、一九〇五年から一九一四年の間にハーナキン国境を越えた平均巡礼者数は三万七〇〇〇人だったのに対し、一九一九から一九二八年には一万七五六九人にまで減ったのである［Nakash 1994: 168］。

*66 このウェブサイトにはサッダーム・フセイン時代のイラクにおけるカルバラー巡礼の様子が記述されている（「サッダームの時代には、巡礼者はどのようにアルバイーンの巡礼を行っていたのか」http://www.dana.ir/news/1231610.html 二〇二一年四月六日閲覧）。

*67 具体的な経過は山尾［二〇一一］を参照。

*68 バフマン・キアーロスタミー監督による記録映画、『巡礼（*ziyārat*）』（二〇〇四年制作）では、イラクのサッダーム・フセイン体制が崩壊してすぐに、書類を偽造することを含むあらゆる手段を駆使してイラクに入国するイランからの巡礼者や、そのことは許されないとするファトワーを出すイスラーム法学者が取り上げられている。

*69 二〇一五年三月二三日、エスファハーン州のナジャフアーバードにて。

*70 The New York Times, 21 January 2011（「イラクにおける巡礼の順路での自動車の爆発で数十名が死亡」https://www.nytimes.com/2011/01/21/world/middleeast/21iraq.html 二〇二三年二月一二日閲覧）および、CNN, January 12, 2012（「シーア派の巡礼によって、イラクの聖なる都市への道は緊張した警備の只中にある」https://edition.cnn.com/2012/01/12/world/meast/iraq-arbaeen/index.html 二〇二三年二月一二日閲覧）。

*71 *jām-e jam*, 4 dey 1392（「ホセインのアルバイーンの無期限の本部が設立される」（https://www.magiran.com/article/2872381 二〇二三年二月一二日閲覧）。

*72 *kheyme* 110, āzar 93 : 60.

＊73　*pārsīne*, 20 October 2019（「［イラン暦一三］九〇年代のホセイン・アルバイーン徒歩巡礼におけるイラン人参加者の統計」http://parsine.com/002NZk　二〇二三年二月一二日閲覧）、巡礼業務に関する最高指導者の代理部門のウェブサイト（「［イラン暦一三］九八年のアルバイーン徒歩巡礼の統計」http://hajj.ir/fa/98184　二〇二一年一〇月三〇日閲覧）より。

＊74　Radio Farda, 16 November 2016（「ナーセル・マカーレム・シーラーズィー師がビザなしでイラクに旅行することを「禁止（ハラーム）」と発表」https://www.radiofarda.com/a/f8-makarem-visa-iraq/28121690.html　二〇二三年二月一二日閲覧）。

＊75　アルバイーンの時期、カルバラー市内では車の入場制限が行われる。バグダード方面はカルバラー北部のバスターミナルから、ユーフラテス川近くのムサイーブの手前までシャトルバスが運行している。そしてそこからはイラクの各都市へ乗り合いの車があった。

＊76　悪化した治安とも関係して、ナジャフにあるアリー廟や、カルバラーにあるホセイン廟やアッバース廟のセキュリティは厳しい。廟の敷地の周りには、いくつかチェックポイントが設けられていた。服の上からボディチェックをし、荷物のX線スキャンを済ませないと通過することができない。そして、廟の中には基本的に衣服以外の物の持ち込みは禁止である。そのため靴を脱ぎ、財布やカバン、パスポート、携帯電話などは外に備え付けられたロッカーに入れるか、同伴の家族や友人に預けなければならない。廟の入り口の手前に作られた検問では係員が身体検査を行っている。その前にはおびただしい数の履物が秩序なく積み重ねられていた。

＊77　一八世紀にイランで広がった技法で、イランの聖廟や一部のモスクをはじめ、王宮やホールの装飾などに用いられている。

＊78　筆者が二〇一八年一一月六日にイラクでのアルバイーンの巡礼の調査を終えて空路でテヘランの空港に着いたときにも、巡礼者の家族や親族が花束をもって空港まで迎えに来るという場面に遭遇した。

＊79　また、本書では詳しく検討しないが、近年ではスマートフォンおよびＳＮＳアプリを通じて巡礼の経験を親族や友人と共有するということも重要である。国境や街のなかで、イラクの携帯電話通信会社が巡礼者向けのＳＩＭカードを販売していた。こうして、インターネットを通じて巡礼地での写真を即座に他者と共有することができるのである。

＊80　ハージーは年配の男性への敬称としても用いられることがあるため、必ずしもマッカ巡礼経験者を指すわけではない。

＊81　「私はカルバラーイーです。（*man karbalāī am.*）」といった表現に見られるように、カルバラー巡礼の経験者であること

を示す名詞としても用いられる。

＊82　ゴッズ部隊は革命防衛隊の陸海空軍とは別に、海外での活動を任務としている。

＊83　シリアにおいてもワッハーブ系武装組織やＩＳによって聖廟が破壊されている。この出来事は他の場所における聖所防衛の契機となった［安田 二〇一六：一八二］。ただし、その真の目的は聖所の護持というよりもシリアのバッシャール・アサド体制を反体制派から護るためだとの批判は常にあり国内でも聞かれることがある。

＊84　具体的には、外務省、イラン・イスラーム共和国放送（ＩＲＩＢ）、治安部隊、文化遺産工芸観光庁、赤新月社、市役所、大学生バスィージ、ゴッズ部隊、革命防衛隊、イスラーム文化・コミュニケーション庁などの機関が関与している（*kheyme* 110, āzar 93: 84–85）。

＊85　*kheyme* 110, āzar 93: 65.

＊86　そして同誌には、カルバラー巡礼が組織される経緯や、前年にカルバラーを訪れた非イラン人による体験談、徒歩巡礼の意義、さらには詳しい行き方、持ち物リストなどの記事が収録されている（*kheyme* 110, āzar 1393）。

＊87　BBC Persian, 14 December 2014（「アルバイーンの行進――イランの力を示威するための努力」http://www.bbc.com/persian/iran/2014/12/141213_arbaeen_karbala_iran_iraq　二〇二三年二月一二日閲覧）.

＊88　イスラーム共和国建国の理念の一つが、シオニズムに基づいた現存する植民地支配としてのイスラエルの打倒である。革命防衛隊の海外部隊にゴッズ（イェルサレム）との名前が付けられていることからも窺い知ることができる。

＊89　官製デモや金曜礼拝では、「米国に死を、イスラエルに死を」というスローガンが必ずと言ってよいほど唱えられる。ときには、屋外で国旗も燃やされる。

＊90　ISNA, 13 December 2013（「カルバラー巡礼は世界の聖なる防衛の殉教者の遺産である」https://www.isna.ir/news/93092212936/　二〇二三年二月一二日閲覧）。

＊91　イラン・イラク戦争時に制作され放映された、モルテザー・アーヴィーニーによる一連のドキュメンタリーのテレビ番組「勝利の記録（*ravāyate fath*）」は、シーア派の専門用語を駆使して作られていた。そこではイランの兵士たちはホセインに重ね合わせられていた［Bajoghli 2019: 59–60］。

＊92　メイサム・モティーイーのウェブサイトに掲載された歌詞のページ（http://meysammotiee.ir/post/362　二〇二三年二月一

二日閲覧)。

＊93 「ヤー・アリー」という表現は現在のイランでは、特に宗教と直接関係のないさまざまな動作を行うとき(たとえば重いものを持ち上げるときなど)にも口ずさまれることがある。

＊94 このことは「シーア派の三日月」と呼ばれ、イランの地域覇権的な野望とその脅威が議論されてきた[Cole et. al. 2005; Ostovar 2016a]。

＊95 たとえば一九八〇年代後半のアルメニアとアゼルバイジャンの間の紛争では、シーア派ムスリムが多数派を占めるアゼルバイジャンではなく、アルメニアを支援した[Shaffer 2017]。

＊96 モスタファー・チャムラーン(一九三二—一九八一年)はイランの政治家および軍人である。米国で電子工学の博士号を取得し、その後海外でゲリラ勢力・革命勢力を組織した。その後、イラン革命でもホメイニー師を支え、イラン・イラク戦争で戦死した。

＊97 革命後ホメイニー師を支持するイスラーム共和党の支配に反発し、一九八一年以降過激化した反体制組織モジャーヘディーネ・ハルグによって行われた一三六〇年ティール月七日(ペルシア語でハフテ・ティール/一九八一年六月二八日)のイスラーム共和党本部爆破事件に由来する。この事件で同党指導層の多くが犠牲となった。

＊98 BBC Persian, 26 February 2018(「ファクトチェック——シリア内戦でのイランの出費はいくらになるのか」https://www.bbc.com/persian/iran-features-43157803 二〇二三年二月一二日閲覧).

＊99 ただし、特に二〇一五年から二〇一七年にかけて、イランの対外政策に関しては、普段は体制のイデオロギーに批判的な人であっても、イランのシリアやイラクでの対外政策を支持するという語りも何度か耳にすることがあった。その理由は、もしそのようにしなければISも拡大しイラン国内もシリアのような内戦になってしまう、というものであった。こうした語りにおける情勢の診断と同様の分析は国際関係論においてもなされている。キルマンジュらは、イランによるイラクおよびシリアへの関与は、シーア派国家という宗派主義の観点から説明されるとともに、地域のパワーバランスの安定の他、イランの国家としての統一を保持する意味もあると指摘する。シリアやイラクで異なる民族間・宗教間で分割される事態になればそれはイラン国内にも波及しかねないというのである[Kirmanj and Sadq 2018]。

＊100 TGJUによる為替チャート(http://www.tgju.org/chart/price_dollar_rl/trading 二〇二三年二月一二日閲覧).

＊101　イラン系人類学者のナルゲス・バージョグリーが民族誌的に描き出したのは、体制に批判的であったり宗教的な価値を共有しなかったりする人々にもイランによる対外政策が受け入れられることを目指した文化政策であった。それは、イランにおいて海外特殊任務を担当する革命防衛隊ゴッズ部隊の司令官であったガーセム・ソレイマーニーを、祖国防衛の英雄として描き出すメディア戦略である［Bajoghli 2019: 108–111］。二〇二〇年一月にイラクのバグダード国際空港攻撃事件で米国によってソレイマーニーが暗殺され、後にイラン全土で行われたソレイマーニーの追悼行進でもそのメディア戦略の効果は裏付けられよう。官製の動員もあったとはいえ、毎年革命記念日に行われる行進に比しても圧倒的に多くの人々が参加していたからである。

＊102　Tehran Times, 20 October 2018「イランのパスポートは二〇一八年のヘンリーパスポート指標において九八番目である」(https://www.tehrantimes.com/news/428756/Iranian-passport-ranks-98th-in-Henley-Passport-Index-2018　二〇二三年二月一二日閲覧)。

＊103　家の中で男女は隔離されていたため筆者は家の女性たちの顔を見ることはなかった。紅茶をいれるのはホストファミリーのなかで一番年齢の低い者で、五歳ほどの子どもでも健気にやかんから紅茶をグラスに注いで客人の前に配っていた。また食事のときも客人と主人から食べ始め、家の人は年齢の高い順から食事に手を付けていた。

＊104　さすがにこのような話は聞いたことがなかったし、後に体制を支持しているイラン人の何人かに聞いても、そのようなことはないとだろうと答えていた。

## 第4章

＊105　本章が扱う儀礼はアルダビール出身のアーザリー語話者（アーザリー）のコミュニティで行われている。このコミュニティでの調査にあたっては、アルダビール出身の友人の協力が不可欠であったことは言及しておく必要があるだろう。アーザリー（Azeri; Pr. *āzarī*）は、現在のアゼルバイジャン共和国から、イランの北西部にかけて居住している、テュルク諸語に属するアーザリー語を話すエスニック集団である［塩野崎 二〇一七］。アーザリーはイランのなかでは主に、タブリーズのある東アーザルバーイジャーン州、オルミーイェのある西アーザルバーイジャーン州、アルダビール州、ザンジャーン州に多く暮らしている（以後、これらをまとめて「アーザリー地域」とする）。信頼に足る人口統計が存在しな

いため、アーザリーの正確な人口は明らかになっていない。二〇〇五年時に少なく見積もられたもので、イランの総人口約七七八〇万人中九〇〇万人（約一二パーセント）［Amanolahi 2005］、また、他の見積もりでは、一六から二四パーセントを占めるとされる［Elling 2013 : 28］。いずれにせよ、アーザリーはイラン最大のエスニック・マイノリティである。アーザリーはその主要居住地域の地理的な要因から、西洋思想の受容も早く、二〇世紀初頭のイランの近代化においても政治的に重要な人物が輩出してきた。また、宗教も国教と同じシーア派であるという点からも、現体制の下でスンナ派のクルドやアラブ、バローチ、トルクメンといった他のエスニック・マイノリティに比べ、一般的に政治的にも経済的にも優位である（第一章、**図1-1**参照）。ただし本章では取り上げないが、アーザリー民族の権利の要求や文化的意識、地方自治をめぐる運動が起こっており、体制との緊張関係が存在する［Elling 2013］。

＊106　水たばこ屋を提供する、ガフヴェハーネ（*qahve-khāne*）は直訳すればコーヒーハウスとなるが、コーヒーは提供せず紅茶を提供する。特にテヘラン南部では地区に住む男性の社交場として機能しており、筆者がホセイン追悼儀礼のインフォーマントと出会う場所でもあった［谷 二〇二二b］。

＊107　ナカシュはイタリアのキリスト教修道院で行われたむち打ちがコーカサス地域に伝播し、シーア派儀礼に取り入れられるようになったのではないかと推測している［Nakash 1993］。

＊108　ハイデルによれば、南アジアにおいては、一九世紀後半の東洋学者による辞書にこの儀礼についての記述があるという。また、ラクナウにおいてモハッラム期間中に行われる儀礼は、火のついた炭の上を裸足で歩くというもので、その儀礼に非ムスリムも参加していると指摘している［Hyder 2006 : 54–55］。

＊109　佐島が調査を行ったトルコ東部のアラルクのアーザリーの間で行われる儀礼では、短刀で叩くのではなく、刃で頭に傷をつけることが行われている［佐島 一九九四］。

＊110　第一章で少し論じたように、テヘランは二〇世紀になってから大きく発展した都市で、他地域からの移住によって拡大してきた。出身別にみても、アーザリーは移住者の多数派であり［Madanipour 1998］、テヘランの人口の約三分の一から半分近くがアーザリーであるとする見積もりもある［Shaffer 2002］。テヘランでは小規模な食料雑貨店（*maghāze-ye baqqālī*）を営んでいるのは大抵がアーザリーであるとも言われる。筆者が居住していたテヘランのジェイ地区においても、店主と客の双方がアーザリーの場合にはアーザリー語で会話をする光景をよく目にすることがあった。

＊111　この儀礼に参加するために、前日にアーザリーの友人とともに別の集会に訪れた。テヘランの大バーザールの入り口の最寄りである、地下鉄のパーンズダヘ・ホルダード駅の近くに「中心（テヘラン）居住者のアーザリー地域出身者たちのモスク（*masjed-e āẕerbāijānīhā-ye maqīm-e markaz*）」という建物がある。中はバスケットボール・コート一つ分ほどの広さで、筆者がアーシューラーの前夜に訪れたときには二〇〇から三〇〇人ほどの黒い衣服を着た男性が中に集まっていた。建物の中には、追悼儀礼をおこなうための建物であるホセイニーイェと同じように宗教的な文言が刺繍で装飾された布が張られていた。ただし、装飾としてアーザリー語の文言がアラビア文字で書かれている。そこではアーザリー語でイマーム・ホセインの死を悼む詩の朗唱（*rowẓe-khānī*）が行われ、聴衆の男たちはそれを聞きながら、手を目の上に当ててすすり泣いていた。そしてその後、マッダーフが唄う哀悼歌に合わせて胸を手で叩いたり、鎖で体を叩きつけたりする儀礼が行われていた。かつて、テヘランに居住するアーザリーで自傷儀礼を行う人々は、アーシューラー前夜から夜通しでこのような儀礼を行った後、同じ場所で自傷儀礼を行っていた。しかし近年は取り締まりも厳しく、自宅で人を集めて儀礼を行う場所がある人の家に分散して行われるようになってきているのだという。筆者はアーザリーの友人の助けを借りて、テヘラン西部にある個人宅で行われる自傷儀礼に居合わせることができた。

＊112　ペルシア語でナーン（テヘラン方言ではヌーン）は、パン類の総称であって、私たちが想定するインド料理屋のナンよりも広い範囲を含むことに留意されたい。

＊113　他の場所で行われたガメザニーの様子は Youtube や *āpārāt* などの動画投稿サイトには挙げられている。

＊114　アバールファズルはホセインの異母兄弟のアッバース・イブン・アリーの別名である。イラクのカルバラーにはイマーム・ホセインの聖廟の隣に彼の聖廟がある。

＊115　ハーメネイー師のウェブサイトより（「追悼儀礼の法規定に関する視聴者からの宗教的な質問への回答」http://farsi.khamenei.ir/news-content?id=27988　二〇一三年一月一一日閲覧）。

＊116　若者ジャーナリストクラブによる記事より（「アーヤトッラー・マカーレム・シーラーズィー師のガメザニーへの見解」https://www.yjc.ir/fa/news/5367675/نظر-آیت-الله-مکارم-شیرازی-درباره-قمه-زنی　二〇一三年一月一一日閲覧）

＊117　「タトビール――不穏な革新」より（http://tatbir.org/?page_id=98　二〇一三年一月一一日閲覧）。

＊118　サーデグ・シーラーズィー師のウェブサイトＱ＆Ａより（http://www.english.shirazi.ir/qa/　二〇二〇年三月一七日閲覧）。

＊119　ヌーリー・ハメダーニー師のウェブサイトより（「聖アーヤトッラー・アリー・ヌーリー・ハメダーニー師のアーシューラーの出来事とガメザニーに関するメッセージ」https://noorihamedani.ir/post/view?id=7864　二〇二三年二月一二日閲覧）。

＊120　ムハンマド・サイード・ハキーム師のウェブサイトより（「タトビールの提案」http://alhakeem.com/en/question/4365/blood　二〇二三年二月一二日閲覧）。

＊121　ニュースサイト fetan.ir より（「ヴァヒード・ホラーサーニー師のガメザニーについての見解は何か?」http://www.fetan.ir/home/18655　二〇二〇年三月一七日閲覧）。

＊122　訳は三田了一訳の『聖クルアーン――日亜対訳・注解』（一九八二、日本ムスリム協会）を参照。

＊123　実際イラクでは、自傷儀礼がアーシューラーやアルバイーンの際に公的な場所で行われている。筆者はイラクで直接行われているのを観ていないが、二〇一八年にバグダード市内で水たばこを吸う店に入った際に、後頭部にガーゼを貼っている男性を見かけた。明らかに自傷儀礼の際の傷に対処したものであった。

＊124　ここに見られるカトリック教会と異端的実践の対立は、それ以前にも何度もキリスト教の内部で繰り返されてきた。フーコーは司牧的権力による統治の内部で自己を導く抵抗が起こるとし、教会の権威に対抗するものとして発生した神秘主義や終末論や共同体（修道会など）の探求に言及して次のように言う。「このこと［対抗的運動］は一五―一六世紀に、教会がこれらの反操行［対抗導き］の運動によって脅かされ、これを改めて考慮に入れ、馴化しようとしたときに非常にはっきりと現れます」［フーコー 二〇〇七：二六四］。この議論の含意は結論で言及する。

＊125　このハーメネイー師による禁止のファトワーはインドにおいても、自傷儀礼に関する論争で引用されている［Pinault 1999, 2001］。

＊126　ハーメネイー師の英語版ウェブサイトより（「自傷儀礼は不法ででっち上げられた伝統である。イマーム・ハーメネイー」http://english.khamenei.ir/news/4209/Tatbir-is-a-wrongful-and-fabricated-tradition-Imam-Khamenei　二〇二三年二月一二日閲覧）。

＊127　シーア派ではムスリム、非ムスリム間、男女間での輸血は問題ないとしている。最高指導者広報部ウェブサイトより（「献血」https://www.leader.ir/fa/content/21791/اهدای-خون　二〇二〇年三月一七日閲覧）。

＊128　ラーエフィープール氏は、反シオニズム、反ヒューマニズム、反フリーメイソンを掲げるＮＧＯ団体「マサーフ運動

（*janbesh-e maṣāf*）」の代表者である。

＊129　アサドの主張は取り扱いが難しい。自傷儀礼の禁止は、アサドが議論しているように苦痛を否定し除去しようとしている点で、言説的伝統と対立する、近代の世俗主義的感性と密接に関連する。一方で、前述したように、言説的伝統という、「言説」を中心とするアプローチでは、自傷儀礼の実践における人々の身体経験の重要性そのものを捉えきれないのである。

＊130　また、アサドは別のところで、「近代世俗国家の多くでは、残酷であるという理由で、動物を宗教のために犠牲にすることを禁じるよう公的に要求され、法も制定されている」［Asad 2017: 42（アサド 二〇二一：六二）］ことについて論じている。この点、テヘランで公的な場所における屠殺の禁止には至っていない。とはいえ、このことは手放しに容認され、人々からも受け入れられているということを意味しない。ホセイン追悼儀礼の時期になると、筆者が滞在していた南部では路地のいたるところで羊の供犠が行われていた。羊の首が切られるところを皆で観察するのである。しかし、物価の高い北部の住宅街などでは、ホセイン追悼儀礼に参加しない人も多く、路上で屠殺が行われることもまれである。こうした居住区の違いによって、供犠が身近にあるかどうかで形成される主体の在り方も変わってくる。たとえば同時期に筆者がSNS上に供犠の様子の写真をアップロードしたところ、コメント欄には路上での供犠に対して否定的な反応が書き込まれることもあった。こうした嫌悪は、アサドが言うような「近代の感性」の浸透と密接に関連している可能性がある。また、そうした嫌悪の形成は、為政者や人々の意図を超えて作動する権力として現れることもありうる。現在自傷儀礼について働いている抑圧的な権力および規律訓練的な権力は、こうした意図せざる帰結として現れ、変容していくだろう。イラン社会において自傷儀礼が今後どのようになっていくのかは、こうした権力関係が今後どのように変化していくのかにかかっているといえる。

＊131　ヒズブッラーは一九八〇年代初頭にレバノンで結成されたシーア派イスラーム組織で、イランからも支援を受けている［末近 二〇一三］。そのため、彼らの思想はイランの体制と密接に関連している。同様の指摘はノートンの論考にもある［Norton 2005］。

＊132　ドッドは、ディーブの事例を参照しながら、ホセイン追悼儀礼の苦行から献血への移行の特徴として、①心身統一から心身二元論へ、②来世救済から現世利益へ、③個人の救済から社会的救済へ、という三つの特徴があることを指摘した

[Dodd 2014]。

*133 The Gardian, 28 August 2008、「二人の少年に鞭打ちを強要したシーア派のムスリムが児童虐待で有罪に」(https://www.theguardian.com/world/2008/aug/28/islam.religion 二〇二三年二月一二日閲覧)。

*134 コープマンは *Body & Society* 誌の序文で儀礼の読み替えを構造主義的に分析している。この変化には、「前近代的なもの」(浪費的、暴力、生産性がない)と献血という近代主義者の価値(merit)との対比がある。コープマンは、アナロジーが重要であると言い、自傷儀礼と献血はどちらもホセインのために血を流すという意味でポジティブにアナロジーが成立しているが、同時に一方は「無駄にする」、もう一方は「功利的である」という意味ではネガティブなアナロジーにもなっているという[Copeman 2009]。

*135 たとえば *Sharq*, 15 mehr 1395, p. 17.

*136 Hamshahri Online, 1 March 2020、「聖廟をなめることと非慣習的な巡礼についての著名人の激しい反応——聖廟を舐めることはISISの異端主義である」(https://hamshahrionline.ir/x69p6 二〇二三年二月一二日閲覧)。

*137 この出来事について、テヘランに住んでいる一人の男性の友人に意見を尋ねた。すると彼は、聖廟を舐めた人は、まさに体制のイデオロギー教育の産物であり、この事件は非常に皮肉な出来事だと答えた。一方、筆者がテヘラン大学でペルシア語を習っていたこともある女性にも意見を尋ねてみた。彼女は、言語学の博士号を持ち、筆者とはアカデミックな議論もしてきたが、政治的には保守派であり、元大統領のアフマディーネジャードにも好意的で、普段はチャードルを着ている。この出来事から数日後に WhatsApp で会話をした際、彼女は一連の騒動は英国の陰謀だとの見解を取っていた。

## 終章

*138 ここでの「イスラーム的統治」は、現在のイスラーム共和国体制として具現化したものとは別のものを指していることに留意されたい。

*139 実際、フーコーは霊性概念とホメイニー師による現実の政治とは関係がないと発言していたという[箱田 二〇一三:一六五]。

*140 筆者はかつて、イスラーム復興に関するアサドらの議論を批判的に検討したのち、「フィールドワークの経験に合わせ、

「複数の近代」論の発展、世俗主義批判の発展、両者の折衷、両者を乗り越える理論的展開といった選択肢が開かれているることになろう」［谷 二〇一五：四二四］と締めくくった。本書が提示するのは折衷的に見えつつも両者を乗り越える理論的展開だといえる。

＊141　ストラザーンの言葉で言えば、「それぞれが同時に、そこからカウンター・ポジションを見出すポジション」［Strathern 2004: 35（ストラザーン 二〇一五：一二七）］となる。

＊142　とはいえフィールドワークにおいてはスンナ派のクルドの人々とも深くかかわってきたものの、彼らのようなエスニック・宗派的マイノリティとイスラーム共和国体制やイラン・ナショナリズムとの関係は本書の考察の対象外となってしまったことに呵責がないわけでない。今後はこうした主題について扱っていきたい。

# 参照文献

《日本語文献》


青木保 一九七八『文化の翻訳』東京大学出版会。

赤堀雅幸 二〇〇三「ムスリム民衆研究の可能性」、佐藤次高編『イスラーム地域研究の可能性』一八五―二一〇頁、東京大学出版会。

アルチュセール、ルイ 二〇一〇『再生産について――イデオロギーと国家のイデオロギー諸装置〈上・下〉』西川長夫・伊吹浩一・大中一彌・今野晃・山家歩訳、筑摩書房。

落合雄彦 一九九九「ペンテコステ＝カリスマ運動とアフリカのネオ・パトリモニアル国家」『宗教と国際政治』一二二：一二一―三二。

大塚和夫 二〇〇〇『近代・イスラームの人類学』東京大学出版会。

大稔哲也 一九九三「エジプト死者の街における聖墓参詣――一二―一五世紀の参詣慣行と参詣者の意識」『史学雑誌』一〇二（一〇）：一―四九。

小田亮 一九九七「ポストモダン人類学の代価――ブリコルールの戦術と生活の場の人類学」『国立民族学博物館研究報告』二一（四）：八〇七―八七五。

黒田賢治 二〇一五『イランにおける宗教と国家――現代シーア派の実相』ナカニシヤ出版。

―― 二〇二一『戦争の記憶と国家――帰還兵が見た殉教と忘却の現代イラン』世界思想社。

桜井啓子 一九九九『革命イランの教科書メディア――イスラームとナショナリズムの相剋』岩波書店。

佐島隆　一九九四「信仰と流血――トルコ東部のアシュレー儀礼」『季刊民族学』七〇：八四―八七。

塩野崎信也　二〇一七『〈アゼルバイジャン人〉の創出――民族意識の形成とその基層』京都大学学術出版会。

シュー土戸ポール　二〇〇三「二十世紀のキリスト教とペンテコステ・カリスマ運動」『日本の神学』四二：五九―七五。

末近浩太　二〇一三『イスラーム主義と中東政治――レバノン・ヒズブッラーの抵抗と革命』名古屋大学出版会。

セルトー、ミシェル・ド　一九八七『日常的実践のポイエティーク』山田登世子訳、国文社。

田辺繁治　一九八九「民族誌記述におけるイデオロギーとプラクシス」、田辺繁治編『人類学的認識の冒険――イデオロギーとプラクシス』九五―一一九、同文館出版。

谷憲一　二〇一五「世俗主義批判の射程――イスラーム復興に関する人類学の最前線」『文化人類学』七九（四）：四一七―四二八。

――　二〇二〇a「邪視」、鈴木董・近藤二郎・赤堀雅幸編『中東・オリエント文化事典』二七七頁、丸善出版。

――　二〇二〇b「タァズィエ――シーア派の殉教劇」『中東・オリエント文化事典』四四四―四四五頁。

――　二〇二二a「この一品――「バーベル：身体鍛錬と研究」」『UTCMES ニューズレター』二〇：一一―一二。

――　二〇二二b「水タバコをめぐるポリティクス――現代イランにおける喫煙の作法と法規制の行方」、大坪玲子・谷憲一編『嗜好品から見える社会』二三五―二五七頁、春風社。

――　二〇二三a「年中行事（イラン）」、八木久美子編『イスラーム文化事典』一〇〇―一〇一頁、丸善出版。

――　二〇二三b「方法論の定式化に抗する人類学」、井頭昌彦編『質的研究アプローチの再検討――人文・社会科学からEBPsまで』二七〇―二七三頁、勁草書房。

多和田裕司　二〇〇五『マレー・イスラームの人類学』ナカニシヤ出版。

椿原敦子　二〇〇八「ドウレとヘイアット――ロサンゼルスにおけるイラン出身者の集団形成に関する考察」『年報人間科学』二九（一）：一四九―一六四。

デュルケーム、エミール　二〇一四『宗教生活の基本形態　下――オーストラリアにおけるトーテム体系』山崎亮訳、筑摩書房。

西尾哲夫・堀内正樹・水野信男編　二〇一〇『アラブの音文化――グローバル・コミュニケーションへのいざない』スタイルノート。

箱田徹 二〇一三『フーコーの闘争――〈統治する主体〉の誕生』慶應義塾大学出版会。

バランディエ、ジョルジュ 二〇〇〇『舞台の上の権力――政治のドラマトゥルギー』渡辺公三訳、筑摩書房。

フーコー、ミシェル 一九七七『監獄の誕生――監視と処罰』田村俶訳、新潮社。

―― 二〇〇〇「テヘラン――シャーに抗する信仰」高桑和巳訳、小林康夫・石田英敬・松浦寿輝編『ミシェル・フーコー思考集成7 知/身体』三一一―三一七頁、筑摩書房。

―― 二〇〇一「精神のない世界の精神」高桑和巳訳、小林康夫・松浦寿輝・石田英敬編『ミシェル・フーコー思考集成8 政治/友愛』二四―三八頁、筑摩書房。

―― 二〇〇七『ミシェル・フーコー講義集成〈七〉安全・領土・人口(コレージュ・ド・フランス講義 1977–78)』高桑和巳訳、筑摩書房。

ベルクソン、アンリ 一九七七『道徳と宗教の二源泉』平山高次訳、岩波書店。

ホメイニー、ルーホッラー・ムーサヴィー 二〇〇三『イスラーム統治論・大ジハード論』富田健次訳、平凡社。

ボルークバーシー、アリー 二〇二一『ナフル巡行――殉教者の不滅のいのちの表象[ナフルギャルダーニー]』小林歩訳、包。

村山木乃実 二〇一八「理想的人間像と動的イスラーム――アリー・シャリーアティーの視点から」『オリエント』六一(二):一五一―一六二。

モース、マルセル 二〇〇九『贈与論』吉田禎吾・江川純一訳、筑摩書房。

守川知子 二〇〇七『シーア派聖地参詣の研究』京都大学学術出版会。

ラトゥール、ブルーノ 二〇一七『法が作られているとき――近代行政裁判の人類学的考察』堀口真司訳、水声社。

リーヴィー、エリック 二〇〇〇『第三帝国の音楽』田野大輔・中岡俊介訳、名古屋大学出版会。

ヴィヴェイロス・デ・カストロ、エドゥアルド 二〇一五『食人の形而上学――ポスト構造主義人類学への道』檜垣立哉・山崎吾郎訳、洛北出版。

安田慎 二〇一六『イスラミック・ツーリズムの勃興――宗教の観光資源化』ナカニシヤ出版。

山尾大 二〇一一『現代イラクのイスラーム主義運動――革命運動から政権党への軌跡』有斐閣。

―― 二〇一四「隠された二つの「クーデタ」――「イスラーム国」の進撃とアバーディー政権の成立を考える」『「イスラーム

国」の脅威とイラク』山尾大・吉岡明子編、岩波書店。
ユルチャク、アレクセイ 二〇一七『最後のソ連世代——ブレジネフからペレストロイカまで』半谷史郎訳、みすず書房。
吉枝聡子 一九九四「Ta'arof 研究の現状とその問題点——社会言語学的視点から」『オリエント』三七（一）：八七—一〇三。
吉田京子 二〇〇四「一二イマーム・シーア派廟参詣の理論的側面」『宗教研究』七八（二）：二〇七—二二八。
吉村慎太郎 二〇〇五『イラン・イスラーム体制とは何か——革命・戦争・改革の歴史から』書肆心水。


## 《非日本語文献》

Adelkhah, Fariba. 2015. *The Thousand and One Borders of Iran: Travel and Identity*. Transrated by Andrew Brown. Abingdon: Routledge.
Afary, Janet and Kevin B. Anderson. 2005. *Foucault and the Iranian Revolution: Gender and the Seductions of Islamism*. Chicago: University of Chicago Press.
Afshari, Reza. 2001. *Human Rights in Iran: The Abuse of Cultural Relativism*. Philadelphia: University of Pennsylvania Press.
Aghaie, Kamran S. 2001. The Karbala Narrative: the Karbala Narrative: Shī'ī Political Discourse In Modern Iran in the 1960s and 1970s. *Journal of Islamic Studies* 12 (2): 151–176.
——. 2004. *The Martyrs of Karbala: Shi'i Symbols and Rituals in Modern Iran*. Seattle: University of Washington Press.
Al-e Ahmad, Jalal. 1997. *Gharbzadegi: Weststruckness*. Costa Mesa: Mazda Publishers.
Amanolahi, Sekandar. 2005. A Note on Ethnicity and Ethnic Groups in Iran. *Iran and the Caucasus* 9 (1): 37–42.
Anderson, Benedict. 1983 *Imagined Communities: Reflections on the Origin and Spread of Nationalism*. London: Verso（＝アンダーソン、ベネディクト 一九八七『想像の共同体——ナショナリズムの起源と流行』白石隆・白石さや訳、リブロポート）.
Argyrou, Vassos 2000 Self-accountability, ethics and the problem of meaning, In *Audit Cultures: Anthropological Studies in Accountability, Ethics and the Academy*, edited by Malyrin Strathern, pp. 196–211, London: Routledge（＝アルギュルゥ、ヴァッソス 二〇一二「自己アカウンタビリティ、倫理、意味の問題」丹羽充訳、マリリン・ストラザーン編『監査文化の人類学——アカウンタビリティ、倫理、学術界』丹羽充・谷憲一・上村淳志・坂田敦志訳、二七七—二九八頁、水声社）.

Arjomand, Said Amir. 1988. *The Turban for the Crown : The Islamic Revolution in Iran*. New York : Oxford University Press.
——. 2009. *After Khomeini : Iran Under His Successors*. New York : Oxford University Press.
Asad, Talal. 1986a. The Concept of Cultural Translation in British Social Anthropology. In *Writing Culture : The Poetics and Politics of Ethnography*, edited by James Clifford and George E. Marcus, pp. 141–164, Los Angeles : University of California Press（＝アサド、タラル 一九九六「イギリス社会人類学における文化の翻訳という概念」春日直樹訳、ジェームズ・クリフォード、ジョージ・マーカス編『文化を書く』春日直樹・足羽與志子・橋本和也・多和田裕司・西川麦子・和迩悦子訳、二六一―三〇一頁、紀伊國屋書店).
——. 1986b. The Idea of an Anthropology of Islam. Occasional paper series. Washington, D.C. : Center for Contemporary Arab Studies, Georgetown University（＝アサド、タラル「イスラームの人類学について考える」近藤文哉訳、*SIAS Working Paper Series* 40 : 1–38).
——. 1993. *Genealogies of Religion : Discipline and Reasons of Power in Christianity and Islam*. Baltimore : Johns Hopkins University Press（＝アサド、タラル 二〇〇四『宗教の系譜――キリスト教とイスラムにおける権力の根拠と訓練』中村圭志訳、岩波書店).
——. 2003. *Formations of the Secular : Christianity, Islam, Modernity*. Stanford : Stanford University Press（＝アサド、タラル 二〇〇六『世俗の形成――キリスト教、イスラム、近代』中村圭志訳、みすず書房).
——. 2018. *Secular Translations : Nation-State, Modern Self, and Calculative Reason*. New York : Columbia University Press（＝アサド、タラル 二〇二一『リベラル国家と宗教――世俗主義と翻訳について』苅田真司訳、人文書院).
Ayoub, Mahmoud M. 1978. *Redemptive Suffering in Islam : A Study of the Devotional Aspects of Ashura in Twelver Shi'ism*. New York : Mouton.
Bajoghli, Narges. 2019. *Iran Reframed : Anxieties of Power in the Islamic Republic*. Stanford : Stanford University Press.
Bayat, Asef. 1997. *Street Politics : Poor people's movement in Iran*. New York : Columbia University Press.
Beheshti, Seyyed Mohammad. 1395［2016/2017］. *Dāstān-e Tehran*. Tehran : Daftar-e pezhūhesh-hāye farhang.
Butler, Judith 1990 *Gender Trouble*. New York : Routledge（＝バトラー、ジュディス 二〇一八『ジェンダー・トラブル 新装版――

フェミニズムとアイデンティティの攪乱』竹村和子訳、青土社).
Casanova, Jose. 1994. *Public Religions in the Modern World*. Chicago : The University of Chicago Press (＝カサノヴァ・ホセ 二〇二一『近代世界の公共宗教』津城寛文訳、筑摩書房).
Chehabi, Houchang. E. 1997. Ardabil Becomes a Province : Center-Periphery Relations in Iran. *International Journal of Middle East Studies* 29 (2) : 235–253.
Chelkowski, Peter (ed.). 1979. *Ta'ziyeh : Ritual and Drama in Iran*. New York : NYU Press.
——. 2010. *Eternal Performance : Ta'ziyeh and Other Shiite Rituals*. Chicago : The University of Chicago Press.
Cole, Juan, Kenneth Katzman, Karim Sadjadpour and Ray Takeyh. 2005. A Shia Crescent : What Fallout for the United States? *Middle East Policy 12* : 1–27. doi:10.1111/j.1475-4967.2005.00221.x Accessed January 24, 2020
Copeman, Jacob. 2009. Introduction : Blood Donation, Bioeconomy, Culture. *Body & Society* 15 (2) : 1–28.
Deeb, Lara. 2006. *An Enchanted Modern : Gender and Public Piety in Shi'i Lebanon*. Princeton : Princeton University Press.
Delvecchio Good, Mary-Jo and Byron J. Good. 1988. Ritual, the state, and the transformation of emotional discourse in Iranian society. *Cult Med Psych* 12, 43–63.
Dodd, Savannah. 2014. Religion for Revolution : Shifting Perceptions of Bodily Ritual in the Lebanese Shi'a Community. *Al-Jami ah Journal of Islamic Studies* 52 (2) : 375–389.
Eade, John and Michael Sallnow. 1991. Introduction. In *Contesting the Sacred : Anthropology of Christian Pilgrimage*, edited by John Eade and Michael Sallnow, pp. 1–29. Oregon : Illinois University Press.
Ebersole, Gary. 2000. The Function of Ritual Weeping Revisited : Affective Expression and Moral Discourse, *History of Religions* (3) : 211–246.
Eickelman, Dale F. 1987. Changing Interpretation of Islamic Movements. In *Islam and Political Economy of Meaning*, edited by W. R. Roff, pp. 13–30. London : Croom Helm.
——. 1998. *The Middle East and Central Asia. An Anthropological Approach,* Third Edition, Upper Saddle River : Prentice Hall.
Eickelman, Dale F. and Piscatori James P. 1996. *Muslim Politics*. Princeton : Princeton University Press.

Elling, Rasmus. 2013. *Minorities in Iran : Nationalism and Ethnicity after Khomeini*. New York : Palgrave Macmillan.

Ende, Werner 1978 The Flagellations of Muḥarram and the Shiʿite ʿUlamāʾ. *Der Islam : Journal of the History and Culture of the Middle East* 55 (1) : 19–36.

Evans-Pritchard, Edward E. 1965 Theories of Primitive Religion. Oxford : A Clarendon Press（＝エヴァンズ＝プリチャード、E・E 一九六七『宗教人類学の基礎理論』佐々木宏幹・大森元吉訳、世界書院).

Fischer, Michael. 2003. *Iran : From Religious Dispute to Revolution*. Cambridge : Harvard University Press.

Fischer, Michael and Mehdi Abedi. 1990. *Debating Muslims : Cultural Dialogues in Postmodernity and Tradition*. Madison : University of Wisconsin Press.

Geertz, Clifford. 1973. *The Interpretation of Cultures : Selected Essays*. New York : Basic Books.

——. 1979. Suq : the bazaar economy in Sefrou. In *Meaning and order in Moroccan society : Three Essays in Cultural Analysis*, edited by Cliford Geertz and Hildred Geertz, Lawrence Rosen, pp. 123–264, Cambridge : Cambridge University Press.

——. 1980. Negara : The Theatre State in Nineteenth-Century Bali. New Jersey : Princeton University Press（＝ギアツ、クリフォード 一九九〇『ヌガラ——一九世紀バリの劇場国家』小泉潤二訳、みすず書房).

Ghamari-Tabrizi, Behrooz. 2016. *Foucault in Iran : Islamic Revolution after the Enlightenment*. Minneapolis : University of Minnesota Press.

Golkar, Saeid. 2015. *Captive Society : The Basiji Militia and Social Control in Iran*. New York : Woodrow Wilson Center Press and Columbia University Press.

von Grunebaum, Gustave E. 1951. *Muhammadan Festivals*. New York : Henry Schuman（＝グルーネバウム、グスタフ 二〇〇二『イスラームの祭り』嶋本隆光訳、法政大学出版局).

Haeri, Shahra. 1989. *The Law of Desire : Temporary Marriage in Iran*. New York : Syracuse University Press.

Heider, Karl. 2015. The Rashomon Effect : When Ethnographers Disagree. *American Anthropologist* 90 (1) : 73–81.

Hirschkind, Charles. 2006. *The Ethical Soundscape : Cassette Sermons and Islamic Counterpublics*. New York : Columbia University Press.

Hobsbawm, Eric and Terence Ranger. 1983. *The Invention of Tradition*. Cambridge : Cambridge University Press（＝エリック・ホブズボウム、テレンス・レンジャー編『創られた伝統』前川啓治・梶原景昭ほか訳、紀伊国屋書店）.

Holbraad, Martin and Morten Axel Pedersen. 2017. *The Ontological Turn : An Anthropological Exposition*. Cambridge : Cambridge University Press.

Hussain, Ali. 2005. "The Mourning of History and the History of Mourning : The Evolution of Ritual Commemoration of the Battle of Karbala." *Comparative Studies of South Asia, Africa and the Middle East* 25 : 78–88.

Hyder, Syed Akbar. 2006. *Reliving Karbala : Martydom in South Asian Memory.* Oxford : Oxford University Press.

Irani, Akbar. 1370［1991/1992］. *Hasht Goftār Pīrāmūn-e Ḥaqīqat-e Mūsīqī-ye Ghenāyī*. Tehran : Sāzmān-e Tablīghāt-e Eslāmī, Ḥowze Honarī, Daftar-e Motāleʿāt-e Dīnī-ye Honar.

Irani-Qomi, Akbar 1397［2018/2019］*Naqd-e Khoniyāgarī: Hasht Goftār-e Pīrāmūn-e Ḥaqīqat-e Mūsīqī-ye Ghenāī*. Tehran: Enteshārat-e Sūre Mehr.

Kariman, Hossein. 1355［1976/1977］. *Tehrān dar goẕashte va ḥāl*. Tehrān : dāneshgāh-e mellī īrān.

Keddie, Nikki（ed.）. 1983. *Religion and Politics in Iran : Shiʿism from Quietism to Revolution.* New Haven: Yale University Press.

Keddie, Nikki R. 2006. *Modern Iran : Roots and Results of Revolution*（Updated Edition）, New Haven : Yale University Press.

Khosravi, Shahram. 2008. *Young and Defiant in Tehran*. Philadelphia : University of Pennsylvania Press.

Khosronejad, Pedram. 2012. Introduction : Unburied Memories. *Visual Anthropology* 25 : 1–21.

Kirmanj, Sherkoa and Sadq, Abdulla Kukha. 2018. Iran's Foreign Policy towards Iraq and Syria : Strategic Significance and Regional Power Balance. *The Journal of Social, Political, and Economic Studies* 43（1/2）: 152–172.

Korom, Frank. 2003. *Hosay Trinidad : Huharram Performances in an Indo-Caribbean Diaspora*. Philadelphia : University of Pennsylvania Press.

Lienhardt, Godfrey. 1953. Modes of thought in primitive society. *New Blackfriars* 34（399）: 269–277.

MacIntyre, Alasdair. 1981. *After Virtue : A Study in Moral Theory*. London : Duckworth（＝アラスデア・マッキンタイア 一九九三『美徳なき時代』篠崎榮訳、みすず書房）.

Madanipour, Ali. 1998. *Tehran : the Making of a Metropolis*. Chichester : J. Wiley.

Mahmood, Saba. 2005. *Politics of Piety*. Princeton : Princeton University Press.

——. 2013. Sexuality and Secularism, Religion. In *The Secular, and the Politics of Sexual Difference*, edited by Linell E. Cady and Tracy Fessenden, pp. 47–58, New York : Columbia University Press.

Masoudi, Reza. 2018. *The Rite of Urban Passage : The Spatial Ritualization of Iranian Urban Transformation*. New York : Berghan Books.

Meftahi, Ida. 2016. *Gender and Dance in Modern Iran : Biopolitics on stage*. New York : Routledge.

Mohaddesi, Javad (ed.) 1391 [2012/2013] *Farhang-e ʿĀshūrā*. Qom : Nashr-e Ma'rūf.

Mozafari, Parmis. 2013. Dance and the Borders of Public and Private Life in Post-Revolution Iran. In *Cultural revolution in Iran : Contemporary popular culture in the Islamic Republic*, edited by Annabelle Sreberny and Massoumeh Torfeh, pp. 95–109. London : I.B. Tauris

Nakash, Yitzhak. 1993. An Attempt to Trace the Origin of the Rituals of ʿĀshūrāʾ. *Die Welt des Islams* 33 (2) : 161–181.

——. 1994. *The Shiʿis of Iraq*. Princeton : Princeton University Press.

——. 1995. The Visitation of the Shrines of the Imams and the Shiʿi Mujtahids in the Early Twentieth Century. *Studia Islamica* 81 : 153–164.

Norton, Augustus Richard. 2005. Ritual, Blood, and Shiite Identity : Ashura in Nabatiyya, Lebanon. *TDR* (1988–) 49 (4) : 140–155.

Osanloo, Arzoo. 2009. *The Politics of Women's Rights in Iran*. Princeton : Princeton University Press.

Ostovar, Afshon. 2016a. "Sectarian Dilemmas in Iranian Foreign Policy : When Strategy and Identity Politics Collide" Carnegie Endowment for International Peace.
www.jstor.org/stable/resrep13024. Accessed January 24, 2020.

——. 2016b. *Vanguard of the Imam : Religion, Politics, and Iran's Revolutionary Guards*. New York : Oxford University Press.

Pinault, David. 1999. Shia Lamentation Rituals and Reinterpretations of the Doctrine of Intercession : Two Cases from Modern India. *History of Religions* 38 (3) : 285–305.

——. 2001. *Horse of Karbala : Muslim Devotional Life in India*. New York : Palgrave.

Rahimi, Babak. 2011. *Theater State and the Formation of Early Modern Public Sphere in Iran: Studies on Safavid Muharram Rituals, 1590–1641 CE*. New York: Brill.

Rahimi, Babak and Peyman Eshaghi. 2019. Introduction In *Muslim Pilgrimage in the Modern World*, edited by Babak Rahimi and Peyman Eshaghi, pp. 1–46, Chapel Hill: The University of North Carolina Press.

Rahmani, Jabar. 1393 [2014/2015]. *Taghīrāt-e Manāsek-e ʿAzādārī-ye Moharram: Ensānshenāsī-ye Manāsek-e ʿAzādārī-ye Moḥarram*. Tehran: Enteshārāt-e Tīsā.

Ram, Haggay. 1996. Mythology of Rage: Representations of the „Self“ and the „Other“ in Revolutionary Iran. *History and Memory* 8 (1): 67–87.

Roff, William R. 1987. Editor's Introduction. In *Islam and the Political Economy of Meaning*, pp. 1–10.

Sehati-sardrudi, Mohammad. 1394 [2015/2016]. *Taḥrīf Shenāsi-ye ʿĀshurā va Tārīkh-e Emām Hossein*. Tehran: Sharekat-e Chāp va Nashar Beinalmelal.

Shaffer, Brenda. 2002. *Borders and Brethren: Iran and the Challenge of Azerbaijani Identity*. Massachusetts: The MIT Press.

——. 2017. The Islamic Republic of Iran's Policy Toward the Nagorno-Karabakh Conflict. In *The International Politics of the Armenian-Azerbaijani Conflict: The Original "Frozen Conflict" and European Security*, edited by Svante Cornell, pp.107–124, New York: Palgrave Macmillan.

Shiloah, Amnon. 1995. *Music in the World of Islam: A Socio-Cultural History*. Detroit: Routledge.

Shirazi, Faegheh. 2012. Death, the Great Equalizer: Memorializing Martyred (Shahid) Women in the Islamic Republic of Iran. *Visual Anthropology* 25: 98–119.

Siamdoust, Nahid. 2017. *Soundtrack of the Revolution: The Politics of Music in Iran*. Stanford: Stanford University Press.

Sim, David. 2016. Arbaeen: World's largest annual pilgrimage as millions of Shia Muslims gather in Karbala. International Business Times. November 21 (https://www.ibtimes.co.uk/arbaeen-worlds-largest-annual-pilgrimage-millions-shia-muslims-gather-karbala-1531726 二〇二一年一一月二二日閲覧).

Spellman-Poots, Kathryn. 2012. Manifestations of Ashura Among Young British Shiʻis In *Ethnographies of Islam: Ritual Performances and Everyday Practices*, edited by Baudouin Dupret, Thomas Pierret, Paulo G. Pinto and Kathryn Spellman-Poots, pp. 40–49, Edinburgh : Edinburgh University Press.

Strathern, Marilyn. 1987. An Awkward Relationship : The Case of Feminism and Anthropology. *Signs* 12 (2) : 276–292.

——. 2004. *Partial Connections*. Updated edition Lanham : AltaMira Press (＝ストラザーン、マリリン 二〇一五『部分的つながり』大杉高司・浜田明範・田口陽子・丹羽充・里見龍樹訳、水声社).

Szanto, Edith. 2013. Beyond the Karbala Paradigm : Rethinking Revolution and Redemption in Twelver Shiʻa Mourning Rituals. *Journal of Shiʻa Islamic Studies* 6 (1) : 75–91.

——. 2014 Sex and the Cemetery : Iranian Pilgrims, Shrine Visitation, and Shiʻi Piety in Damascus. *Syrian Studies Association Bulletin* 19 https://ojcs.siue.edu/ojs/index.php/ssa/article/view/3037 Accessed January 24, 2020.

Takeyh, Ray. 2010. The Iran-Iraq war : A reassessment. *The Middle East Journal* 64 (3) : 365–383.

Talebinezhad, Ahmad. 1393 [2014/2015]. *vāgheʻeh dar qāb*. Tehran : rownaq (＝ Talebinezhad, Ahmad 2022. *Guide for Iranian Documentaries on ʻĀšūrāʼ "The Event in the Frame" by Aḥmad Ṭālebī-nežād*. trans. Kenji Kuroda & Kenichi Tani, Center for Modern Middle East Studies at the National Museum of Ethnology).

Tani, Kenichi and Kosuke Sakai. 2020. Realizing the Existence of Blind Spots in the 'West' : A Systems-Theoretical Perspective. *Anthropological Theory* 20 (4) : 438–454.

Tehran Geographic Information Center. 2005. *Atlas of Tehran Metropolis*.

Thaiss, Gustav E. 1972. Religious Symbolism and Social Change : The Drama of Husain. In *Scholars, Saints and Sufis*, edited by Nikki R. Keddie, pp. 349–366, Berkeley : University of California Press.

Thurfjell, David. 2006. *Living Shi'ism : Instances of Ritualisation Among Islamist Men in Contemporary Iran*. Leiden : Brill.

Torab, Azam. 2006. *Performing Islam : Gender and Ritual in Iran*. Leiden : Brill.

Turner, Victor. 1975. *Drama, Fields, and Metaphors : Symbolic Action in Human Society*. Ithaca and London : Cornell University Press.

Vahdat Zad, Vahid. 2012. Spatial Discrimination in Tehran's Modern Urban Planning 1906–1979. *Journal of Planning History* 12 (1) : 49–62.

Vartabedian, Julieta. 2015. Towards a Carnal Anthropology: Reflections of an Imperfect Anthropologist. *Qualitative research* 15 (5): 568–582.

Varzi, Roxana. 2006. *Warring Souls: Youth, Media, And Martyrdom in Post-Revolution Iran*. Durham and London: Duke University Press.

Wagner, Roy. 1986. *Symbols That Stand for Themselves*. Chicago: Chicago University Press.

Walbridge, Linda. 2001. The Counterreformation: Becoming a Martjaʿ in the Modern World. In *The Most Learned of the Shi'a: The Institution of the Marjaʿ Taqlid*, edited by Walbridge Linda, pp. 230–246, New York: Oxford University Press.

Yarshater, Ehsan. 1979. Taʿziyeh and Pre-Islamic Mourning Rites in Iran. In *Taʿziyeh: Ritual and Drama in Iran*, pp. 88–94.

Youssefzadeh, Ameneh. 2000. The Situation of Music in Iran since the Revolution: The Role of Official Organizations. *Ethnomusicology Forum* 9 (2): 35–61.

El-Zein, Abudul Hamid. 1977. Beyond Ideology and Theology. *Annual Review of Anthropology* 6: 227–254.

# あとがき

本書は、一橋大学大学院社会学研究科に学位請求論文として提出した博士論文「現代イランにおける国家とホセイン追悼儀礼――道具主義と言説的伝統の間で」（二〇二二年二月に学位授与）に加筆修正を加えたものである。これは、私が二〇一一年に一橋大学大学院社会学研究科の社会人類学研究室の門を叩いてから、二〇二一年の一二月に博士論文を提出するまでに取り組んできた研究の集大成でもある。

本書の完成地点からその過程を振り返れば、二〇一三年から進学した博士後期課程という制度の枠内で人類学徒としてイランでフィールドワークを行い、その中でも特に宗教儀礼の調査を行うことで博士論文を書き上げた、という直線的な過程として描くことができよう。けれども序章で述べた通り、私のイランでの滞在は、研究に使用するデータ収集のための滞在として単に片づけられるものではない。むしろそれは、私の二〇代半ばから後半にかけての生活そのものであった。二〇一三年の夏からテヘランでペルシア語を学び、二〇一四年から二〇一七年まではテヘラン大学に在籍していた。その後の二〇一八年と二〇一九年の短期滞在を合わせると、四四ヵ月イランに滞在していたことになる。そのため本書の執筆に至るまでにお世話になった人たちへの感謝を記すにあたり、イランに関心を持つきっかけとなった出来事からはじめたい。

イランを初めて訪れたのは二〇一〇年の夏だった。当時、慶應義塾大学文学部の四年生で、進路も明確に定まっていなかった私は、前年に訪れた東地中海沿岸の中東諸国で出会った旅人が非常に勧めていたのを思い出し、イランに行くことを決めた。イランでは、それまでに旅行した国々と異なり、現地の人々と交流する機会が多かったのが印象的だった。このとき、イランに長く滞在すればもっと現地の人々からイラン社会について学ぶことができるのではないかと直感的に感じた。

その後、学部の時のゼミの指導教員から故・大塚和夫さんの『異文化としてのイスラーム』(一九八九年、同文舘出版)を薦められたことがきっかけで、イランを対象としたイスラームの人類学を志すようになった。日本では現代イラン社会を研究している人は数えるほどしかおらず、欧米でもイラン出身の研究者が圧倒的多数を占める分野だということを理解するにつれ、そもそもイランで人類学的調査など可能なのだろうか、という不安も生じた。けれども結果論としては、このときの自らの直感を信じて研究を進めていったことで、イランに長期滞在する道が開けることとなった。

二〇一三年に一橋大学の博士後期課程に進学した後、まずはイランの公用語であるペルシア語を学ぶため、テヘランにある語学学校に八ヵ月通った。当初は、今後なんらかの形で調査のための長期滞在をしたい願望だけを抱きつつも、具体的なあてのないままに、語学の習得に勤しんでいた。帰国も近づくころになって、当時できて間もない(私が第三期生)、外国人を対象としたテヘラン大学世界研究科イラン学専攻修士課程の募集をたまたま見つけた。これは運命だと感じてすぐさま応募し、二〇一四年の秋から再びテヘランに滞在できることになった。ところが、いざ修士課程に入ってみると、授業や課題が多く、入学前に思い描いていた調査のために割く時間がほとんどなかった。そのため授業に出ずに満期滞在だけして帰国することも一時は考えた。けれども遠回りしても得るものはあるだろうと思い直し、最終的にはすべての単位を取得しペルシア語で人生二度目の修士論文を提出することができた。テヘラン大学の先生方からは、ホセイン追悼儀礼について掘り下げる上で、ネイティヴの視点に裏打ちされた有用な学術的知見を学んだ。特に修士論文の指導教員だったサイード・レザー・アーメリー先生をはじめ、モハンマド・サミーイー先生、メフディ・アーフーイー先生、ナーヒード・プールロスタミー先生にはお世話になった。またプライバシーの都合上、個別に名前を挙げることはできないが、イランで生活するなかで出会った人々の協力のおかげで、調査を行うことができたことについて感謝をささげたい。

なお、イランでの滞在経験は本書の中だけに書き尽くせるものではない。筆者はこれまでも、一橋大学の修士時代からの友人である中野慧さんが運営するブログ（「にどね研究所 https://nidoneinstitute.com/」）のなかで、「人類学徒のテヘラン修行日記」と題してイランでの経験について綴ってきた。今後もイランでの経験をさまざまな形で発信していく所存である。

話を日本の大学院に移そう。一橋大学の修士課程では、春日直樹先生、岡崎彰先生、大杉高司先生という、三人の先生のゼミでみっちりと人類学を学んだ。そして博士後期課程になってからは大杉先生と、新しく着任した久保明教先生のゼミに参加してきた。いずれのゼミも、自分の研究発表というよりも、研究者として必要な、文献の精密な読解や批評の作法の訓練の場であった。二〇一八年に退職されるまで指導教官だった春日先生は、まだ研究の具体的な方針の定まっていなかった私を優しく見守りながら、書いた論文についてはさりげなく褒め、鼓舞してくださった。岡崎先生は、頭の固い私の思考を揺さぶろうとしてくださった。岡崎先生からは事例の人類学的な面白がり方を学んだ。久保先生からは、輪読で取り上げた書籍を通じて理論的に大きな刺激を受けるとともに、鋭いコメントで鍛えていただいた。なかでも一番付き合いがあったのは大杉先生であった。修士の頃から、日本にいるときにはゼミに参加してきたし、そこで得たものは数知れない。二〇一九年度から指導教員を引き受けてくださり、博士論文の執筆過程では、最後まで根気強く、民族誌執筆の奥義と「完成」への飽くなき執念を伝授していただいた。

また、これまで共に切磋琢磨してきた一橋大学大学院社会人類学研究室の同僚諸氏に感謝を申し上げたい。特に、丹羽充さんとは研究の関心も近いことから、私がイランにいた時期から、LINEで研究を含むさまざまな事柄について対話や議論をしてきた。またとりわけ博士論文の執筆については、早い段階から草稿に目を通し、完成まで励ましてくださった。修士課程入学以後、浜田明範さんには共同研究室で目をかけていただき、研究者として生きる上で必要な作法を指導していただいた。上村淳志さん、深田淳太郎さん、坂田敦志さん、田口陽子さん、橋本栄莉さん、難波美芸さんをはじめとした先輩方にも、学術的な議論のみならず研究生活をめぐるさまざまなアドバイスをいただいた。修士課程時代の同期である野口泰弥さん、山田慶太さん、篠原利恵さんとの今でも続く交流は研究生活の励みとなっている。また後輩の方々からも、ゼミの中で博士論文の草稿へのコメントをいただく機会があった。

加えて、一橋大学外部の研究者の方々にも感謝を申し上げたい。二〇一七年から二〇一八年には、国立民族学博物館の黒田賢治さんの尽力で現代中東地域研究民博拠点若手共同研究の研究代表者を担わせていただいた。この研究会でメンバーの方々から得たコメントは本書で存分に活かされている。特に黒田さんと龍谷大学の椿原敦子さんには、私と同じく現代イラン社会を研究対象とする先輩として、日本でもイランでもいろいろとお世話になった。なお黒田さんには出版に向けた改稿のために、事実関係について細かく指摘していただいた。明治大学の山岸智子先生は、国際学会での研究発表を勧めてくださり、研究テーマとも関連した事典項目執筆の機会も提供してくださった。中学生の時からの友人でもあり社会学者である坂井晃介さんには、ルーマンと人類学を架橋する論文の共同執筆者になるとともに、博士論文の草稿にも有益なコメントを提供してもらった。

そしてさらに、慶應義塾大学時代にお世話になった樫尾直樹先生と、最近も何かとよくしていただいている東京工業大学の弓山達也先生にも感謝申し上げたい。学部時代に、現代宗教研究のなかでも対照的なアプローチのお二人からそれぞれ指導を受ける機会があったのは非常に幸運であった。特に最初のイラン旅行からの帰国後に樫尾先生に大学院進学を勧めていただかなければ、本書を書き上げることもなかっただろう。

なおこれまでいただいた助成金で、本書と関係するものは次の通りである。

・二〇一三年度科学研究費補助金、基盤研究A、「「再帰的」思考と実践の多様性に関する人類学的研究」（研究代表者：大杉高司）
・二〇一四年度松下幸之助記念財団「研究助成」
・二〇一六―二〇一七年度日本学術振興会特別研究員研究奨励金および研究費（DC2）
・二〇一八―二〇一九年度りそなアジア・オセアニア財団調査「研究助成」
・二〇二〇―二〇二一年度公益信託澁澤民族学振興基金「大学院生等に対する研究活動助成」
・二〇二一年度上廣倫理財団研究助成

また、本書の第四章には、同テーマで『文化人類学』誌に論文を投稿した際に匿名の査読者からいただいたコメントの一部を反映させている。論文は諸事情から取り下げたため掲載には至らなかったが、この場を借りて感謝申し上げたい。

本書の出版は法政大学出版局第九回学術図書刊行助成によって可能となった。編集を担当してくださった郷間雅俊さんにお礼申し上げたい。

なお私自身は二〇二三年の二月から、英国オックスフォード大学でフェローとして研究を続けられるようになった。まだこちらに来て間もないが、かつてイランで知り合った人たちとの再会や、ペルシア語を話すことで生まれる新たな出会いがすでにあり、これまでに自分がイランと関わってきたことの重みをあらためて感じている。この新たな恵まれた環境のもとで、本書の研究を英語圏で発信していくとともに、ここでは扱えなかったナショナリズムやエスニシティなどのテーマについても研究を進めていけたらと考えている。

最後に私的な話になるが、イランから帰国した後も実家で研究生活を続けることに理解を示し協力してくれた両親に感謝したい。

二〇二三年三月二〇日　イラン暦元日（ノウルーズ）

オックスフォードにて

谷　憲一

# 人名索引

ペルシア語の人名について，著者の場合には文献表での表記を優先し，そうでない場合には，凡例にあるようにペルシア語のアルファベット表記を用いている。

## ア 行

## カ 行



## サ 行



## タ 行

## ナ 行



## ハ 行

## マ 行



## ヤ 行



## ラ 行

# 事項索引

## あ 行

## か 行

## さ 行

## た 行



## な 行



## は 行

## ま 行

## や 行



## ら 行



## わ 行

**著 者**

谷 憲一（たに・けんいち）

1987年，東京都生まれ。2021年，一橋大学大学院社会学研究科博士後期課程単位取得退学。博士（社会学）。専門は文化人類学およびイラン地域研究。現在は，オックスフォード大学グローバル・地域研究学院（OSGA）客員研究員（笹川平和財団フェロー），上智大学アジア文化研究所共同研究所員。論文に Realizing the existence of blind spots in the 'West': A systems-theoretical perspective, *Anthropological Theory* 20（4）（co-authored, 2020）など。編著に『嗜好品から見える社会』（共編著，春風社，2022年）。訳書にマリリン・ストラザーン編『監査文化の人類学』（共訳，水声社，2022年）など。


服従と反抗のアーシューラー
現代イランの宗教儀礼をめぐる民族誌

2023年 4月 10日　初版第1刷発行

著 者　谷 憲一

発行所　一般財団法人 法政大学出版局

〒102-0071 東京都千代田区富士見 2-17-1
電話 03（5214）5540　振替 00160-6-95814
組版：HUP　印刷：三和印刷　製本：積信堂





ISBN978-4-588-33602-7

増補新版 社会人類学入門 多文化共生のために

J. ヘンドリー／桑山敬己・堀口佐知子訳…………………………………… 3800円

イスラームの祭り

G. E. v. グルーネバウム／嶋本隆光監訳／伊吹寛子訳 ……………………… 2300円

イスラームにおける女性とジェンダー

L. アハメド／林・岡・本合・熊谷・森野訳 ……………………………… 4500円

嗜好品カートとイエメン社会

大坪玲子著……………………………………………………………………… 6000円

アラブ・イスラム研究誌 20世紀初頭までのヨーロッパにおける

J. フュック／井村行子訳……………………………………………………… 8800円

ペルシアの情景

G. L. ベル／田隅恒生訳 ……………………………………………………… 2300円

イラン 独裁と経済発展

F. ハリデー／岩永博・菊地弘・伏見楚代子訳……………………………… 2800円

支配と抵抗の映像文化 西洋中心主義と他者を考える

E. ショハット，R. スタム／早尾貴紀監訳／内田（蓼沼）理絵子・片岡恵美訳 … 5900円

パレスチナの民族浄化 イスラエル建国の暴力

I. パペ／田浪亜央江・早尾貴紀訳…………………………………………… 3900円

イスラエルに関する十の神話

I. パペ／脇浜義明訳…………………………………………………………… 3400円

エジプトを植民地化する

T. ミッチェル／大塚和夫・赤堀雅幸訳 …………………………………… 5600円

アブラヤシ農園開発と土地紛争

中島成久著……………………………………………………………………… 5400円

*

表示価格は税別です

## 狂気・言語・文学
M. フーコー／阿部崇・福田美雪訳 …………………………………………… 3800円

## インティマシーあるいはインテグリティー
T. カスリス／衣笠正晃・高田康成 解説 ……………………………………… 3400円

## ガリヴァーとオリエント　日英図像と作品にみる東方幻想
千森幹子著…………………………………………………………………… 5200円

## サン＝ジョン・ペルスと中国
恒川邦夫 著 ………………………………………………………………… 4600円

## 東アジアにおける哲学の生成と発展
廖欽彬・伊東貴之・河合 一樹・山村奨 編著 ………………………………… 9000円

## 普遍的価値を求める　中国現代思想の新潮流
許紀霖 著／中島隆博・王前 監訳／及川淳子・徐行・藤井嘉章 訳 …………… 3800円

## 共生への道と核心現場　実践課題としての東アジア
白永瑞 著／趙慶喜 監訳／中島隆博 解説 …………………………………… 4400円

## 百年の変革　三・一運動からキャンドル革命まで
白永瑞 編／青柳純一 監訳 ………………………………………………… 4000円

## 韓国政治思想史
朴忠錫 著／飯田泰三 監修／井上厚史・石田徹 訳 ………………………… 9800円

## 東アジアの尊厳概念
加藤泰史・小倉紀蔵・小島毅 編 …………………………………………… 5600円

## 尊厳と社会　上・下
加藤泰史・小島毅 編 ……………………………………………………… 各 5000円

## 尊厳と生存
加藤泰史・後藤玲子 編 …………………………………………………… 5200円

*

表示価格は税別です